Adolf Langguth

Goethe als Pädagoge

Langguth, Adolf: Goethe als Pädagoge
Hamburg, SEVERUS Verlag 2013.
Nachdruck der Originalausgabe, Halle 1887.

ISBN: 978-3-86347-491-1

Druck: SEVERUS Verlag, Hamburg, 2013

Bibliografische Information der Deutschen Nationalbibliothek:
Die Deutsche Nationalbibliothek verzeichnet diese Publikation in der Deutschen Nationalbibliografie; detaillierte bibliografische Daten sind im Internet über http://dnb.d-nb.de abrufbar.

© SEVERUS Verlag
http://www.severus-verlag.de, Hamburg 2013
Printed in Germany
Alle Rechte vorbehalten.

Der SEVERUS Verlag übernimmt keine juristische Verantwortung oder irgendeine Haftung für evtl. fehlerhafte Angaben und deren Folgen.

„Wer es wagt, einen Menschen
bilden zu wollen, muß sich zuerst selbst
zum Menschen gebildet haben."

J.J. Rousseau

G. St.

„Nous voyons ici un homme mûr, à côté d'un jeune garçon de grand espérance.

Quoique dans les silhouettes de tout le corps l'effet de la lumière nuise toujours à la netteté & à l'exactitude du profil, on accordera pourtant sans hésiter à la figure principale le caractère de la sagesse & au jeune homme des grandes dispositions; abstraction fait, si l'on veut, des attitudes, qui ne sont pas entièrement sans signification. L'une & l'autre physiognomie sont pleines d'ame, de vivacité & de résolution. La silhouette de l'homme fait est bien inférieure à l'objet qu'elle représente; cependant il n'est pas possible d'y méconnoître un caractère d'originalité & de grandeur. Le caractère est sensible dans le contour & la position du front, ainsi que dans le contour du nez & de la bouche. Lentement le passage du front au nez affoiblit en quelque sorte cette expression de grandeur; ce trait n'est pas naturel.

Dans le garçon je découvre une énergie qui est encore cachée & reprimée, mais qui peut se changer en passion violente. Plein de franchise & de courage, d'un naturel gai, il aura à combattre le caprice & l'opiniâtreté. Je l'aime cependant de toute mon ame, quoique je ne l'aie jamais vu & que je ne sache rien de lui. Dans ses attachements il mettra, si je ne me trompe, moins de tendresse & d'épanchement de coeur, que de vivacité & de constance."

(Essai sur la Physiognomie par Jean Caspard Lavater. Bd. II. s. 186. tab. XXXII. Onzième fragment des silhouettes.)

Vorwort.

Nachdem vor ungefähr Jahresfrist mein Buch „Goethes Pädagogik" erschienen ist, lasse ich hier eine Ergänzung folgen, wozu mir einige Worte der Erklärung gestattet sein mögen.

Während die „Pädagogik" im allgemeinen eine sehr beifällige, ja begeisterte Aufnahme gefunden, hat sich auch eine Stimme dagegen erhoben, vgl. Deutsche Litteraturzeitung 1886, No. 38. Goethe, so wird dort etwas obenhin behauptet, sei ein großer Dichter und vollkommener Mensch, der Versuch aber, ihn als Pädagogen zu behandeln, überflüssig und unzulässig.

Ohne diesen Auslassungen, die überdies weder den Goethekenner noch den Pädagogen bekunden,[1] — und

---

1) Diesem Recensenten meines Buches (B. Suphan) hat augenscheinlich für seine Kritik, soweit sie eine pädagogische Grundlage voraussetzt, nicht weniger als alles gefehlt. Es hätte ihm sonst sofort klar werden müssen, daß es sich darin lediglich um *objektive* Pädagogik, also um des Dichters Erziehungsansichten, nicht aber um die *subjektive* d. h. seine Erzieherpraxis handeln konnte. — Anzunehmen, daß jemand, der Goethes Pädagogik zum Gegenstand eingehenden Studiums gemacht, das Gedicht „Ilmenau" übersehen haben sollte, ist fast naiv. Wenn es nun aber in meinem Buch s. 17 noch ausdrücklich heißt: „Es braucht nicht hervorgehoben zu

eins von beiden hätte der Kritiker meines Buches doch wohl sein müssen —, weitere Bedeutung beizumessen, erwidere ich hier nur, dafs es schon jedem gestattet sein mufs, seinen eigenen Goethe zu haben. — Uns im besonderen bedeutet er jedenfalls mehr als Nationallitteratur im gewöhnlichen Sinn; für uns ist der gröfste Dichter der Nation zugleich der grofse Seher und Pro-

---

werden, dafs sich dies nur auf sein erzieherisches Verfahren, von dem wir *an einem anderen Ort* zu reden haben werden, beziehen kann" und Herr S. trotzdem schreibt: „Von Goethes pädagogischem Meisterstück und seiner meisterhaften Rechenschaft darüber — Ilmenau — keine Spur, über Goethe und Fritz von Stein nur ein paar zerstreute kärgliche Bemerkungen" und in diesem Tone so weiter —, so kann man einem solchen Kritiker, der sich obendrein noch rühmt, schon mit unbewaffnetem Auge des Anfechtbaren in einem Buch genug zu entdecken, nur anraten, für ähnliche Fälle der Zukunft sein Sehorgan doch recht tüchtig auszurüsten, anstatt sich in erregten Wendungen — offenbar ein Deckmantel mangelnder Sachkenntnis — über eine ganze Schule (Ziller-Stoy) zu ergehen, zu welcher der Verfasser der „Pädagogik" in keiner anderen Beziehung steht, als dafs er das Gute, welches von dieser Seite kommt, sich zu nutze zu machen suchte, um Grundlagen für seine Untersuchungen zu gewinnen. Oder glaubt vielleicht Herr S. mit einigen Körnchen zweifelhafter Gymnasialpädagogik hier etwas auszurichten? — Es gehört freilich für einen Philologen, — nicht Naturwissenschaftler, wie Herr S. in müfsigen Kombinationen über die Person des Verfassers herausgebracht zu haben glaubt —, etwas Selbstverleugnung dazu, sich einmal in einer anderen Wissenschaft etwas genauer umzusehen. Von Herrn S. darf man das nach Mafsgabe seiner Kritik, die einen ungewöhnlich beschränkten Standpunkt verrät, wohl kaum erwarten.

phet, der alle bedeutenden Ideen und Gedanken, die unsere Gegenwart bewegen, schon gedacht, zum wenigsten vorgeahnt hat und nicht in letzter Linie diejenigen, welche sich auf die Grundlage aller Sittenzustände im modernen Staate, auf die Erziehung, beziehen. —

Es wäre auch geradezu wunderbar, wenn ein Geist von den Dimensionen Goethes, der durch eine feinsinnige Beobachtungsgabe zu einer umfassenden Empirie gelangt, auf jedem Gebiet, das ihn interessierte, produktiv auftrat, nicht auch für die Pädagogik neue Wege hätte entdecken sollen, gleichviel ob es möglich ist, diese seine subjektiven Anschauungen schon jetzt zum objektiven Gesetz zu erheben, wie etwa in der Kunst, oder nicht.

Goethe hatte die Erziehung als die weltumgestaltende Macht erkannt. Das Pädagogische seiner Zeit genügte ihm in keiner Weise, daran kann gar kein Zweifel sein, und wie er in seinen Romanen über die herrschenden Systeme der Gegenwart weit hinausgegangen ist, wurde in der „Pädagogik" dargethan. Wir wissen aber ebenso gut, daſs er viel zu wenig Polemiker und streng verwerfender Sittenrichter war, um als solcher aufzutreten. —

Als wir im Frühling 1886 nach Weimar eilten, um an Ort und Stelle zu erfahren, welche Ziele die neugegründete Goethe-Gesellschaft verfolge, und Hermann Grimms Vortrag, „Goethe im Dienst unserer Zeit" zu hören, glaubten wir ein in allgemeinen Umrissen entworfenes Programm erwarten zu dürfen, nach welchen Richtungen Goethe für die Gegenwart dienstbar gemacht werden könnte. Darin täuschten wir uns zwar, denn der Vortragende, an „Winckelmann und sein Jahrhundert" anknüpfend, begnügte sich, eine Seite aus Goethes Wesen herauszugreifen, legte aber Nutzanwendungen für andere Gebiete nahe. Angesichts der behandelten Schrift hält es Grimm für erreichbar, Goethe intensiver und lebendiger an der täglichen Arbeit geistigen Vorwärtsstrebens zu beteiligen, und meint ferner, dafs der Dichter selbst ein gröfseres Recht auf Eingreifen seiner Autorität beanspruchen dürfe, als wir ihm einräumen. Wenn Winckelmann als Lebender, als aktives Element in den Dienst der Gegenwart von 1805 gestellt, auch heute noch lebendig unter uns stehe, so sei es Goethes Verdienst. Dasselbe müsse mit Goethe selbst im umfangreicheren Mafse geschehen, wenn wir aus ihm ziehen wollten, was er für uns enthält. — Diese Worte waren uns ganz aus der Seele gesprochen. Denn während z. B. Shakespeares Werke nach allen Richtungen durchforscht sind, während seine juristischen und medizinischen Kenntnisse, seine Ansichten über Schule und Geschichte, sein philologisches und nautisches Wissen etc. besondere Darstellungen erfahren haben, vielleicht sogar in zu weit gehender Weise, ist Goethes Vielseitigkeit von uns bis jetzt sehr unvollkommen gewürdigt worden. — Grimm fügte damals hinzu, es brauche nicht gleich ein neu geschriebenes Buch zu sein, aber es scheine ihm, als ob diese Auffassung des Goetheschen Gedankenreichtums, diese Methode, den Gehalt seiner Gedanken zu verarbeiten, das Programm der Goethe-Gesellschaft sein könne. —

Für das Gebiet der Pädagogik hatte ich diesen Versuch schon vorausgenommen. Mein Buch lag damals bereits fertig vor und verliefs bald darauf nach einer Drucklegung, die durch öfteren Wechsel des Aufenthaltsortes erschwert und in ihrer Sorgfalt leider etwas beeinträchtigt wurde, die Presse. Wir beabsichtigten aber mit der Pädagogik durchaus nicht etwa, ein neues Blatt in Goethes Ruhmeskranz zu flechten oder den Dichter als pädagogisches Universalrezept auf dem öffentlichen Markt auszubieten. Es leitete uns lediglich das Bestreben, Goethes Gedanken für die Erziehung fruchtbar zu machen, persönlich überzeugt, dafs dies in weitgehendstem Mafse möglich sei, dafs sich sogar die ganze Pädagogik auf Goethe neu gründen lasse. — Wenn wir nun auch zunächst darauf verzichten müssen, das von mir nach Anschauung und Lehren Goethes aufgestellte System in die Praxis übersetzt zu sehen, so ist doch von der Zukunft vieles zu hoffen. Die beiden Pfeiler der Goetheschen Pädagogik, die naturwissenschaftliche Grundlage auf der einen und die Lehre von der Ehrfurcht auf der andern Seite mit allen ihren Konsequenzen für das ethische Gebiet dürften vollkommen genügen, ein ganzes grofses Lehrgebäude zu tragen. Freilich steht der Anerkennung des Ehrfurchtsprinzips die Unfruchtbarkeit desselben im praktischen Leben gegenüber. Wir wissen, dafs Goethes Menschheitsideal mit seinem eudämonistischen Gepräge sich mit den letzten Zielen aller wirtschaftlichen Bestrebungen der Gegenwart, das menschliche Glücksgefühl zu erhöhen, völlig deckt, dürfen aber nicht hoffen, den Menschen da zur Ehrfurcht zu stimmen, wo Hunger, Elend und Not alle, auch die heiligsten Schranken durchbrechen. — Goethe durchschaute die schwere sittliche Gefahr, welche dem heranwachsenden Geschlechte drohte, wenn er die Erziehung zur Ehrfurcht seiner pädagogischen Provinz mit ihrem grofsen sozialen Hintergrund zur Aufgabe stellte, ohne dafs unsere Zeit Gelegenheit genommen hätte, sich mit dieser Erkenntnis ernstlicher zu beschäftigen.

Die Stellung, die unser Dichter in Fragen der Erziehung einnimmt, hat eine gewisse Ähnlichkeit mit derjenigen in der Naturwissenschaft. Denn während das Goethestudium in Kommentaren über des Dichters poetische Werke, seinen Briefwechsel und jede litterarische Kleinigkeit sich fast erschöpft hat, hielt die Würdigung seiner grofsen Gedanken und Entdeckungen auf jenen beiden Gebieten, die zugleich in engster Wechselwirkung zu einander stehen, durchaus nicht gleichen Schritt damit.

Die Lehre von der Metamorphose beseitigt den Dualismus; der Monismus tritt an seine Stelle. — Damit war für die Wissenschaft im allgemeinen und die Pädagogik im besonderen etwas Grofses geschehen. Im Licht dieser monistischen Weltanschauung, die uns lehrt, dafs auch diejenigen Erscheinungen, welche wir als die freiesten und unabhängigsten zu betrachten uns gewöhnt, nämlich die Äufserungen des menschlichen Willens, gerade so festen Gesetzen unterworfen sind, wie die Vorgänge in der Natur, mufsten für die

Pädagogik, die nunmehr als obersten Grundsatz festzuhalten hat: der Mensch steht nicht *über* sondern *in* der Natur, Gesichtspunkte von gar nicht abzuschätzender Tragweite erwachsen. Goethe lehrt: die Natur versteht keinen Spafs, sie ist immer wahr, immer ernst, die Fehler und Irrtümer können nur auf seiten des Menschen sein; er erklärt: von Natur besitzen wir keinen Fehler, der nicht zur Tugend, keine Tugend, die nicht zum Fehler werden könnte, so wie etwa dem Physiker Kalt kein Gegensatz zur Wärme, sondern nur eine verringerte Wärme ist —, und wie die andern Kernsätze alle heifsen mögen, die wir in der „Pädagogik" auf ihren Wert zu prüfen unternahmen. Während dort versucht wurde, auch die übrigen auf Erziehung bezüglichen Einzelheiten, die Goethe wie im Fluge so wegfängt und die er irgendwo niederlegt in der Hoffnung, dafs sie sich einmal irgendwo fruchtbar erweisen möchten, auch wirklich fruchtbar zu machen, leitete uns hier eine ähnliche Absicht. Was in den Rahmen der ersten Untersuchung nicht hineinpafste, sollte hier seine Stelle finden und zugleich der Beweis geliefert werden, wie sich bei dem Dichter Theorie und Praxis völlig decken.

Ein neuer Gesichtspunkt kommt hinzu. Während die Leistungen einzelner Individuen, deren Genialität besonders unverwüstlich ist, bleibende sind, verblassen sehr oft die persönlichen Eigenschaften. Es läfst sich nicht leugnen, dafs dies auch bei Goethe bis zu einem gewissen Grade der Fall ist, trotzdem sein Name in aller Mund ist. Den Dichter als ethische, als vorbildliche Persönlichkeit zu erfassen, das Ideal freier, schöner Menschlichkeit und universeller Bildung, welches unserer praktisch gewordenen Zeit mehr und mehr verloren zu gehen droht, weiteren Kreisen unseres Volkes näher zu bringen, war deshalb nicht der letzte Zweck dieser Darstellung.

Dresden, im April 1887.

„Meine Existenz ist wieder auf eine
wahre Wilhelmiade hinausgelaufen."

Als Goethe aus Carlsbad entflohen dem Lande seiner Sehnsucht, Italien, zueilte und zwischen Botzen und Trient dahinfuhr, bat ihn eine arme Frau, ihr Kind in den Wagen zu nehmen, weil ihm der heifse Boden die Füfse verbrenne. Der Wegfahrer erfüllt die Bitte zu Ehren des gewaltigen Himmelslichts, das ihm eine heitere Reise gewährte, und sucht mit dem wunderlich aufgeputzten Kinde eine Unterhaltung anzuknüpfen, die ihm aber in keiner Sprache gelingt.[1] 3 Tage vorher hatte er auf der Strecke München-Mittenwalde kurz vor Walchensee das 11jährige Töchterchen eines Harfners auf dessen Bitte zu sich sitzen lassen und in lebhafter Unterhaltung bis zum nächsten Dorf mitgenommen. Er schildert das Kind (Tagebücher S. 23) als ein „artiges, ausgebildetes Geschöpf", das weit herumgekommen war, mit seiner Mutter nach Maria Einsiedeln gewallfahrtet und seine Reisen immer zu Fufs gemacht hatte, erzählt, dafs sie in München bei dem Kurfürsten gespielt und überhaupt sich schon vor 21 fürstlichen Personen habe hören lassen, und fährt dann fort: „Sie unterhielt mich recht gut, hatte hübsche,

---

1) „Ich redet es italienisch an, es sagte, dafs sie kein Deutsch verstehe." vgl. Tagebücher und Briefe Goethes aus Italien an Frau von Stein und Herder s. 46. (Schriften der Goethe-Gesellschaft, herausgegeben von Erich Schmidt, 2. Bd., Weimar 1886).

großse, braune Augen, eine eigensinnige Stirne, die sie ein wenig hinaufwärts zog. War hübsch und natürlich, wenn sie sprach, besonders wenn sie kindisch laut lachte. Wenn sie schwieg, wollte sie was bedeuten und machte mit der Oberlippe eine fatale Miene. Ich schwätzte alles mit ihr durch. Sie war überall zu Hause und paſste gut auf. Einmal fragte sie mich, was das für ein Baum sei? Es war ein Ahorn und der erste, den ich auf der ganzen Reise sah; den hatte sie gleich bemerkt. Es kamen nachher noch mehr. Sie zeigte mir eine neue Haube, die sie sich hatte in München machen lassen und in einer Schachtel mit sich führte. — Es gäbe schönes Wetter, wenigstens einige Tage, sagte sie. Sie trügen ihr Barometer mit, das sei die Harfe; wenn sich der Diskant hinaufstimme, so gäbe es gutes Wetter, das habe er heute gethan. Ich nahm das Omen an und hatte noch viel Spaſs mit ihr, ehe wir schieden." — 7 Jahre später begegnet ihm in der Nähe der belagerten Stadt Mainz in hastiger Eile ein Mann, der einen Knaben von 8 Jahren an der Hand mit fortschleppt und an Goethe dieselbe Bitte stellt, dem Kinde einen Platz in seinem Wagen zu gönnen. Der Dichter zeigt sich auch in diesem Fall hilfreich, erquickt beide mit einem Trunke guten Weines und Bretzeln und setzt dann den Knaben an einem verabredeten Orte wieder ab, während ihm der Vater tausend Dank und Segen von weitem mit dem Hut zuwinkt.

Wenn wir solche Züge aus Goethes Leben mit den Schicksalen Wilhelm Meisters zusammenhalten, dem sich auf der Reise immer etwas anhängt, sei es die geheimnisvolle Gestalt des Knaben-Mädchen Mignon oder der alte Harfner, oder Fitz, der lose Gespiele des kleinen Felix, dann erwägen, dafs der Held des Romans das geliebte dramatische Ebenbild des Dichters ist, dem nach eigenem Geständnis die Wilhelmiaden immer teuer zu stehen kommen, können wir kaum begreifen, dafs schon Riemer einst die abwehrende Bemerkung machen mufste: „Nun heifst der ein Egoist, der zuerst sich selbst zu etwas machte, um anderen etwas zu sein; der sich zuerst selbst mannigfach ausbildete, um als Gebildeter auch für andere zu wirken." — Die Menschenliebe lag in Goethes Natur, er hat sie als ein teures Erbteil von seiner Mutter überkommen, die von sich sagt: „Ich habe die Menschen sehr lieb und das fühlt alt und jung; suche immer die guten Seiten der Menschen zu erspähen und überlasse die schlimmen dem, der die Menschen schuf und der es am besten versteht, die Ecken abzuschleifen." — Dafs Goethe in Weimar nur an sich selbst gedacht nicht an das Wohl des Landes, dessen Minister er war, ist eine längst widerlegte Unwahrheit. Es waren auch nicht nur Freunde und Bekannte, denen seine Fürsorge galt; die Besserung des Geschickes Fernstehender lag ihm nicht minder am Herzen, diejenige Klasse des Volkes, die wir die unterste nennen, die aber vor Gott die höchste ist, nicht ausgenommen. Wir haben dafür mehr Beweise als jenes eine Selbstbekenntnis, wonach der Dichter in der Arbeit an der Iphigenie begriffen in die Worte ausbricht: „Hier will das Drama nicht fort, es ist verflucht; der König von Tauris soll reden, als wenn kein Strumpfwirker in Apolda hungerte." — Wie sich aber auch seine Stellung zur Aufsenwelt gestalten mochte, wenn auch sein Hafs gegen Phrasen und das Prunken mit Gefühlen die innige Menschenfreundlichkeit nicht immer hervorquellen liefs, in seinem Verhältnis zu den Kindern konnte er stets von sich sagen:

> „Es regt sich nun die Menschenliebe,
> Die Liebe Gottes regt sich nun!"

Sie trat nicht blofs zu Tage in den drangvollen Kriegszeiten der Belagerung von Mainz, deren Elend und Jammer geeignet sein mochte, das Herz zum Mitleid zu stimmen, oder auf jener Reise durch die oberbayrischen Berge, die den Dichter bereits wiederaufleben sahen, wo er so mild und freundlich gestimmt war, dafs er sich von jedem Bettler zurechtweisen läfst und mit den Leuten redet, als ob sie sich schon lange gekannt, wo er aufgeschlossenen Sinnes und faltenlosen Gemütes Mildthätigkeit übt zu Ehren des Tagesgestirnes, und alles zu ihm spricht, die belebte Natur nicht weniger als die unbelebte: auch aus einer früheren Periode erzählt er uns eine Wilhelmiade. Damals, es war in der Frankfurter Zeit, als er aus Strafsburg in das väterliche Haus zurückgekehrt, noch nicht im Besitz voller geistiger Gesundheit und inneren Gleichgewichts sich befand, vielmehr eine gewisse Excentricität an sich zu bekämpfen hatte, (vgl. Dichtg. u. Wahrh. III. 12)[1] gefiel ihm in Mainz ein

---

1) Goethes Werke. Berlin, Hempel.

harfespielender Knabe so wohl, dafs er ihn, weil die
Messe gerade vor der Thüre war, nach Frankfurt ein-
lud, ihm Wohnung zu geben und ihn zu befriedigen
versprach. Da aber der Widerstand des Vaters zu
fürchten war, einen „musikalischen Messläufer", der
in Gasthöfen und Schenken sein Brot verdiene, in
seinem „ansehnlichen Hause" aufzunehmen, sorgt die
allzeit hilfsbereite und um keine Auskunft verlegene
Mutter, wenn es galt, Differenzen auszugleichen, für
Herberge und Kost in der Nachbarschaft, Wolfgang
empfiehlt das Kind seinen Freunden und so befindet
es sich nicht übel. Nach mehreren Jahren sieht er seinen
Schützling wieder, aber ohne Freude an ihm zu erleben. Nur gröfser und tölpischer war er geworden,
in seiner Kunst hatte er nicht zugenommen. — „In
diesem Ereignis", fügt Goethe hinzu, „trat wieder einmal diejenige Eigenheit hervor, die mich in meinem
Leben so viel gekostet hat, dafs ich nämlich gern
sehe, wenn jüngere Wesen sich um mich versammeln
und an mich anknüpfen, wodurch ich denn freilich
zuletzt mit ihrem Schicksal belastet werde. Eine unangenehme Erfahrung nach der anderen konnte mich
von dem angeborenen Trieb nicht zurückbringen, der
noch gegenwärtig bei der deutlichsten Überzeugung
von Zeit zu Zeit mich irre zu führen droht."

Die Liebe zu den Kindern ist einer der ausge-
prägtesten Züge in Goethes Wesen und Charakter; sie
war ihm angeboren und begleitet ihn durch alle Ent-
wicklungsstufen seines wechselreichen Lebens von jener
Wertherperiode an bis zu den Tagen des Altmeisters.

„Ja, lieber Wilhelm", schreibt Werther an seinen Freund, „meinem Herzen sind die Kinder am nächsten auf der Erde. Wenn ich ihnen zusehe und in dem kleinen Dinge die Keime aller Tugenden, aller Kräfte sehe, die sie einmal so nötig brauchen werden; wenn ich in dem Eigensinne künftige Standhaftigkeit und Festigkeit des Charakters, in dem Mutwillen guten Humor und Leichtigkeit, über die Gefahren der Welt hinzuschlüpfen, erblicke, alles so unverdorben, so ganz! — immer, immer wiederhole ich dann die goldenen Worte des Lehrers der Menschen: „Wenn Ihr nicht werdet wie eines von diesen!" Und nun, mein Bester, sie, die Unseresgleichen sind, die wir als unsere Muster ansehen sollten, behandeln wir als Unterthanen. Sie sollen keinen Willen haben! — Haben wir denn keinen? Und wo liegt das Vorrecht? — Weil wir älter sind und gescheiter! — Guter Gott von Deinem Himmel! Alte Kinder siehst Du und junge Kinder und nichts weiter; und an welchen Du mehr Freude hast, das hat Dein Sohn schon lange verkündigt." — Die Kinder sind für Werther das Höchste, es geht ihm nichts darüber; sie allein vermögen auf sein krankes Gemüt beruhigend zu wirken. Wenn die Sinne gar nicht mehr halten wollen, so lindert der Anblick eines solchen Geschöpfes, das in glücklicher Gelassenheit den engen Kreis seines Daseins hingeht, von einem Tag zum andern sich durchhilft, den Tumult seiner Seele. Deshalb hat er sie ganz an sich gewöhnt. Sie bekommen Zucker, wenn er Kaffee trinkt, und teilen das Brot und die saure Milch des Abends mit ihm. Sonntags fehlt ihnen der Kreuzer nie, und wenn Werther nach der Betstunde nicht da ist, hat die Wirtin den Auftrag, ihn auszuzahlen. Sie sind vertraut mit ihm und erzählen ihm allerhand. Ganz besonders ergötzt er sich an ihren Leidenschaften und den simpeln Ausbrüchen ihres Begehrens, wenn mehr Kinder aus dem Dorfe sich versammeln. Weit entfernt, durch sie inkommodiert zu werden, wie die arme Frau für den Herrn fürchtet, sucht er vielmehr ihre Gesellschaft, und wenn er diese nicht haben kann, sind es Lottens Geschwister, in deren Kreis er sein Behagen sucht. Entzückt über das kleine Malchen hebt er es auf und küfst es lebhaft. Das Kind fängt an zu schreien und zu weinen und beruhigt sich nicht eher, als bis es von Lotte zum Brunnen hinabgeführt wird und dort die geküfsten Backen mit dem gröfsten Eifer abgerieben hat, in dem Glauben, dafs durch die Wunderquelle alle Verunreinigung abgespült und die Schmach abgethan würde, einen häfslichen Bart zu kriegen. Werther erzählt diesen Vorfall einem armen Mann, der Lottens Verhalten mit den Worten tadelt, man solle den Kindern nichts weifs machen; dergleichen gebe zu uuzähligen Irrtümern und Aberglauben Anlafs, wofür man die Kinder frühzeitig bewahren müsse; man solle sie im friedlichen Wahn so hintaumeln lassen, urteilt Werther.

Wir wissen, dafs Dichtung und Wahrheit in tiefinnerlichem Zusammenhang stehen im „Werther", und dafs Goethe auf die Erinnerungen seines eigenen Lebens zurückgegangen ist, als er die eben berührten Scenen entwarf. Die ganze Schilderung der von dem unglücklichen Helden in Wahlheim verlebten Stunden ist der Wirklichkeit entlehnt. Nicht nur die Wirtin Koch fand der junge Praktikant vom Reichskammergericht in Garbenheim vor, sondern auch das arme Weib, die Frau eines Küfers, Namens Bamberger, die mit zwölf Kindern gesegnet war. Dort im Städtchen des schönen Lahnthals lag auch das „Deutsche Haus", mit dessen Kinderschar Werther die Aufregung des Weihnachtsfestes durchmacht. Die Kleinen lassen ihm in dem Aufruhr ihrer erwartungsvollen Gefühle keine Ruhe. Sie verfolgen ihn, springen an ihm hinauf, erzählen ihm, dafs wenn morgen und wieder morgen und noch ein Tag wäre, sie die Christgeschenke bei Lotte holten und enthüllen ihm all die Wunder, die sich ihre Einbildungskraft verspricht. Der jüngste Knabe hat ihm noch etwas ins Ohr zu sagen. Er verrät ihm, die grofsen Brüder hätten schöne Neujahrswünsche geschrieben, so grofs! und einen für den Papa, für Albert und Lotten einen und auch einen für Herrn Werther; die wollten sie am Neujahrstage früh überreichen. Das übermannte ihn; er schenkte jedem etwas, setzte sich zu Pferde, liefs den Alten grüfsen und ritt mit Thränen in den Augen davon. — Die Kinder haben keinen andern Begriff, als dafs Werther bald wieder komme, aber er kehrt nicht wieder. Werther-Goethe hatte sich gewaltsam losgerissen. Während indes sein Körper an einem fernen Ort weilte, war seine Seele bei den Kindern zurückgeblieben. — Von dem Augenblick an, wo er selber nicht mehr im Deutschen

Hause einkehren durfte, wo es sich von seinem Herzen losgerungen hatte: „Sagen Sie meinen lieben Bubens, er ist fort" sind die Kinder sein erstes und letztes Wort.

„Wie viel er mir von Ihnen und Ihrem ganzen Haus erzählt, kann ich Ihnen nicht sagen" schreibt Frau Rat an Lottens ältesten Bruder Hans. Dasselbe könnten wir uns durch Mademoiselle Flachsland bezeugen lassen, wenn nicht Goethes eigene Briefe noch deutlicher sprächen.

„Was machen meine lieben Bubens, was macht der Ernst? Grüfst mir die lieben Mädchen! Schreibt mir was von Euren Kindern!" so fragt und bittet er unablässig; „Lotte, meine Jungens!" so lautet der Ausdruck innigsten Anteils und liebevoller Sorge. Ob er sich an Kestner oder Lotte wendet, der Kinder gedenkt er stets aufs herzlichste, wenn sie nicht selber das Thema der Unterhaltung bilden: „Küssen Sie Lotten die Hand und Lenchen von mir und die Kleinen viel hundertmal von ihrem Freund." „Grüfst mir Lotte mit ihren vielen Buben." „Empfehlen Sie mich dem alten lieben Papa und meinen Buben." „Küfs mir die Buben!" „Sophien und Amalchen ein paar Mäulger von mir." — Bei Grüfsen und den anderen Ausdrücken seines zärtlichen Gedenkens verbleibt es aber nicht. Bald folgt etwas Reelleres. „Es ist Tanus für meine zween kleine Buben zu Wams und Pumphosen, sonst Matelot genannt. Lafst's ihnen den Abend vor Christtag bescheren, wie sich's gehört. Stellt ihnen ein Wachsstöckchen dazu, küfst sie von mir." Ein andermal heifst es: „Morgen früh geht ab Kattun und gelehrte Zeitung und für die Bubens Bilder, dafs jedes was habe." Die übrigen Kommissionen, und deren sind es nicht wenige, hat er mit Hans, seinem Korrespondenten: Lenchen, Dortel und Annchen und die anderen Mädchens und Bubens sollen brav sein und Mandeln haben, wenn er kommt; indessen schickt er was für die Kleinen; Hans soll die Rosinen, Feigen und Bilder unter sie verteilen; das Buch sollen sie in Gemeinschaft haben. Wenn er alles recht ausrichtet, soll er einmal Agent von Kurfürsten, Fürsten und Ständen des Reichs werden. Bald darauf stellt er etwas von der Messe für die Kinder in Aussicht. Die Buben sollen ihn ja lieb behalten und von Sophie und Annel hofft er, dafs sie ihn nicht vergessen haben. Von seinem jungen Freund erwartet er wöchentlich einen Brief, damit er genau weifs, was passiert, wie die Kleinen sich aufführen. „Lieber Herr Hans, danke von Herzen für Ihr Andenken, werden Sie nicht müde mir zu schreiben. Ich bin manchmal sehr allein und so ein lieb Brieflein erfreut mich sehr. Gott vergelt's und mach Sie grofs und stark und so glücklich als Sie brav sind." Hans sucht solchen Wünschen und Befehlen nach Kräften zu entsprechen, er leistet das Mögliche; trotzdem soll er noch mehr ins Detail gehen und nicht eher erklärt sich Goethe befriedigt, als bis er eine komplette Chronik aller Löcher, Beulen und Händel unter den Kindern erhält. Nun machen ihn des Knaben Berichte über Freud und Leid seiner Lieblinge herzlich lachen. Es fehlt aber auch nicht an

Veranlassung, mit ihnen zu trauern. Dann steht er im Geist an ihren Krankenbetten, hat bald Ernst bald Albert gute Besserung zu wünschen, wenn nicht beiden, und als dann der Tod eine Lücke in die fröhliche Kinderschar, ein Stück von dem eigenen Herzen reifst, da tröstet und ermahnt er: „Ihr habt einen lieben Bruder verloren und ich einen von meinen lieben Buben. Seid brav, doppelt und dreifach, dafs an Euch Papa und ich getröstet werden über den Verlust." Von Hans hegt er besonders gute Hoffnungen. „Mich freut's lieber Hans, dafs Sie so brav sind und sich das Primat nicht nehmen lassen." Um ihn anzuspornen und zu belohnen, schickt er Obst, zum Christgeschenk Geld, zum neuen Jahr ein praemium virtutis et diligentiae, und damit man sehe, was die Frankfurter für Leute sind, auch einen Heller. Zur Messe geht Hans natürlich nicht leer aus. Da kommt Stoff zu Hose und Weste für ihn an mit der Aufforderung, es ohne Umstände zu schreiben, wenn was abgehen sollte und am Schlufs des begleitenden Briefes heifst es: „Wenn Sie es anhaben und herumspringen, auf die Jagd gehen oder sonst lustig sind, so denken Sie meiner. Küssen Sie die Kleinen viel hundertmal von ihrem Freund." Als dann der jüngere Bruder Georg das Amt des Berichterstatters mit übernimmt, läfst es Goethe auch diesem gegenüber an Ermunterung und Teilnahme nicht fehlen — „Grüfst Lotten, Malchen recht sehr und den guten Georg. Er soll mir mehr schreiben. Es scheint ein wackerer Knabe zu sein" — und so war Kestners Urteil also wohl begründet, wenn er in seiner Charakteristik des jungen Goethe den Satz schrieb: „Er liebt die Kinder und kann sich mit ihnen sehr beschäftigen; er ist bizarre und hat in seinem Betragen, seinem Äufserlichen Verschiedenes, das ihn unangenehm machen könnte. Aber bei Kindern, bei Frauenzimmern und vielen Anderen ist er doch wohl angeschrieben." Goethe bestätigt das selbst, indem er jene Aufführung eines Gelegenheitsstückes in Offenbach, wo die Kinder als die entschiedensten und unbestechbarsten Realisten hartnäckig versicherten, so hätten sie nicht gesprochen, und es sei überhaupt alles ganz anders gewesen, als wie es da geschrieben stände, mit den Worten begleitet: „Ich beschwichtigte sie mit einigen Vorgaben des Nachtisches und sie hatten mich lieb wie immer."

So wie im d'Orvill'schen Hause stellt er sich auch bei Frau von Stein in Nassau, bei Merck in Darmstadt, bei Steins und Herders in Weimar zu den Kindern. Ihrer vergifst er sogar in verdrieflicher Gemütsstimmung nicht, wie uns das Jahr 1783 beweist. Die Last der Geschäfte drückte damals schwer auf ihn, der Herzog wunderte sich über die Taciturnität seines Kammerpräsidenten, und Goethe hatte sich geweigert, abends bei einem Kinderfest der Frau von Stein zu erscheinen. Er will nicht mehr „Grofsmeister der Affen" sein. Als aber das Osterfest herangekommen war, das ihn zu der erregten Bemerkung an die Freundin veranlafst, der Hof nehme alle Freude weg und gebe nie Freude, das ganze Jahr suche ihn kein angenehmes Geschäft auf, konnte er es doch nicht über sich gewinnen, den Kindern das gewohnte Vergnügen des Haseneiersuchens zu entziehen, und da er am Gründonnerstag nicht in Weimar war, so bereitete er ihnen zu Ostern nachträglich jenes Fest. — Auch über die Alpen begleitet ihn seine aufmerksame Fürsorge für den jungen Nachwuchs der beiden ihm befreundeten Familien. Bei seinem Neujahrswunsch aus Rom hat er noch ein Wort an die „lieben Kleinen," denen er den italienischen Winter, die immergrünen Gärten, Citronen- und Orangenbäume beschreibt; er zeichnet für sie Karnevalsmasken und Kleidungen, colorirt sie mit Rücksicht auf ihre Bestimmung: „da sie denn ein fehlendes Kapitel des Orbis pictus den lieben Kleinen ersetzen mögen"; auf dem Lido in Venedig hätte er sie gern bei sich um der Muscheln willen, während er selber kindisch genug ist, ihrer viele aufzulesen; auf den Trümmern des Neronischen Palastes, wo man sich mit Porphyrn, Graniten die Taschen vollsacken kann, wünscht er einen seiner kleinen Freunde herbei, und wenn es beim Fischen im Meere lustig zugeht, denkt er an sie.

Wer aber die Kinder lieb hat, wird ein guter Ehemann, so hatte die Karschin für Goethe prophezeit[1], und ihre Prophezeihung sollte sich erfüllen.

Goethe hatte von Natur einen ausgeprägten Familiensinn; seine Liebe zu den Kindern erwuchs

---

1) „Er ist ein grofser Kinderfreund und eben dieser Zug läfst mich hoffen, dafs er auch ein guter Ehemann werden wird." Die Karschin an Gleim, vgl. Goethes Briefe an Frau von Stein, von Adolf Schöll, 2. Aufl. von W. Fielitz I. 437.

auf diesem Boden. „Was Ihr mir von Euren Kindern schreibt, höre ich gern. Glückselig der, dessen Welt innerhalb des Hauses ist. Erkennt's nur auch recht, wie glücklich Ihr seid und wie wenig beneidenswert glänzende Zustände sind." Auch die Natur, der er sich völlig in die Arme geworfen hatte, die geliebte kleine Welt des Berggartens an der Ilm erscheint ihm im Vergleich damit minderwertig. Aus seinem schönen Thal, wo der Frühling eben sein Meisterstück macht, richtet er sehnsüchtige Blicke nach Wetzlar und unter eben jenen Bäumen, mit welchen Freud' und Leid zu tragen er sich gewöhnt, schreibt er die bedeutungsvollen Worte: „Mifsgönnt mir meine Bäume nicht, Eure Buben sind um ein gut Teil besser." Kestner ist ihm eine Art Ideal, eines durch Genügsamkeit und Ordnung Glücklichen und sein musterhaftes Leben mit Frau und Kindern ein fröhliches und beruhigendes Bild, auf Lotte Buff aber beziehen sich die Worte seiner Selbstbiographie (D. u. W. III. 12. s. 91.): „Wenn es schon ein angenehmer Anblick ist, zu sehen, dafs Eltern ihren Kindern eine ununterbrochene Sorgfalt widmen, so hat es noch etwas Schöneres, wenn Geschwister Geschwistern das Gleiche leisten." Goethes Sinn für das Kleinleben der Familie ist so ausgeprägt, dafs er es sogar in der Kunst bevorzugt. Auf Tischbeins idyllische Bilder hatte er Gedichte gemacht und diese in einem besonderen Aufsatz dahin erläutert, dafs solche Darstellungen des Malers sich deshalb der gröfsten Gunst erfreuten, weil darin menschlich natürliche, ewig wiederkehrende, erfreuliche Lebenszustände einfach vorgetragen würden, abgesondert von allem Lästigen, Unreinen, Widerwärtigen, worin wir sie auf Erden gehüllt sähen. Mütterliche, väterliche Verhältnisse zu Kindern, besonders zu Knaben, Spiel und Naschlust der Kleinen, Bildungstrieb, Ernst und Sorge der Erwachsenen, das alles spiegele sich gar lieblich gegen einander. Und sind es nicht auch Idyllen, die sich an der Stätte des jetzigen Nationalmuseums am Frauenplan zu Weimar abspielten? So erzählt der Kanzler von Müller zum 3. Februar 1823 (vgl. Burkhardt s. 49): „Ich traf ihn (Goethe) gegen 6 Uhr abends ganz allein, nur sein kleiner Enkel blätterte in Bilderbüchern und ward bei seinem lebhaften Wesen und öfteren Fragen vom alten Herrn auf das geduldigste von Zeit zu Zeit beschwichtigt, aber endlich durch allerlei Persuasion vermocht, sich auf das Bett im Kabinett schlafen zu legen." Kann es ferner einen besseren Vorwurf für den Maler geben, als Goethe, den patriarchalischen Greis in der Situation, wie sie uns Eckermann zum 29. März 1830 schildert: „Abends einige Augenblicke bei Goethe. Er schien sehr ruhig und heiter und in der mildesten Stimmung. Ich fand ihn umgeben von seinem Enkel Wolf und Gräfin Karoline Egloffstein, seiner intimen Freundin. Wolf machte seinem lieben Grofsvater viel zu schaffen. Er kletterte auf ihm herum und safs bald auf der einen Schulter und bald auf der anderen. Goethe erduldete alles mit der gröfsten Zärtlichkeit, so unbequem das Gewicht des 10jährigen Knaben seinem Alter auch sein mochte. ‚Aber lieber Wolf', sagte die Gräfin,

‚plage doch deinen guten Großvater nicht so entsetzlich! er muſs ja von Deiner Last ganz ermüdet werden.' — ‚Das hat gar nichts zu sagen', erwiderte Wolf; ‚wir gehen bald zu Bette und da wird der Großvater Zeit haben, sich von dieser Fatigue ganz vollkommen wieder auszuruhen.' — ‚Sie sehen', nahm Goethe das Wort, ‚daſs die Liebe immer ein wenig impertinenter Natur ist.'" — Wie aber Goethe nicht bloſs der gute und geduldige Großvater war, sondern auch ein scharfer Beobachter, der die Entwickelung der Seinigen mit dem feinsten psychologischen Verständnis verfolgt, das sei hier nur angedeutet. Bevor ihm selbst im eigenen Haus Familienglück erblühte, Sohn und Enkel sein pädagogisches Interesse in Anspruch nahmen, sind es fremde Kinder, an denen es zu Tage tritt. Sogar aus der Ferne werden sie ihm zugeschickt, wie Peter im Baumgarten, der Schweizer Hirtenknabe aus Meiringen.

Dieser hatte dem Baron Lindau bei einer Reise in der Schweiz das Leben gerettet, war von ihm als Pflegling angenommen und bei seinem 1777 erfolgten Tode mit einem Legat von 2000 Thlr. bedacht worden. Goethe zum Vormund bestellt, ließ im Einverständnis mit den Testamentsexecutoren Lavater und von Salis, dem Leiter des Philanthropins zu Marschlin in der Schweiz, den halbwüchsigen Knaben kommen, um ihn zu erziehen und schreibt am 14. Aug. 1777 an Lavater: „Da schick ich Dir die Briefe von Peter Baumgartner, die Du weiter spedieren sollst. Mich machts lachen, daſs er zum Anfang einen Spieſsruten laufen und einen durchprügeln sieht, das er, wie er sagt, nicht wieder sehen mag. *Der Junge ist nun mein, und wenn ich's recht kann, so soll er, wenn ich die Augen zuthue oder ihn verlasse oder er mich, von Niemandem abhängen, weil er von allen abzuhängen fühlen mufs."* Dafs es Goethe mit seinen Worten ernst nahm, geht zunächst aus den Briefen an Frau von Stein hervor. Er hatte den neuangekommenen Mündel für die Herbstausflüge des Jahres 1777 nach Kochberg gebracht — „Ich schicke Ihnen Petern, denn es ist nun so, dafs Sie immer etwas von mir haben müsse (27. Aug., Weimar) — und versäumt nicht, sich regelmässig bei Frau von Stein nach ihm zu erkundigen und ihn grüfsen zu lassen: „Durch diesen Boten können Sie mir was schreiben, auch von Petern was und recht viel bitt' ich Sie." (Ilmenau, den 31. August); „Grüfsen Sie Petern" (Eisenach, d. 6. Sept.) und „Schreiben Sie mir was von den Kleinen und Petern" (ebds. 14. Sept.) Zurückgekehrt nach Weimar schreibt er am 10. Oktober: „Grüfsen Sie die Kleinen und Petern, den Sie wohl noch behalten, bis ich eingericht bin." — Noch klarer tritt die Fürsorge für Peter aus Goethes Briefen an Kraft (Plessing) zu Tage. Diesem, dem wertherisierenden Jüngling aus Wernigerode, der von Goethe unterstützt, seit 1778 eine Reihe von Jahren in Ilmenau lebte, hatte der Dichter Petern, den er ebenfalls nach Ilmenau gebracht hatte, um ihn Jäger werden zu lassen, zur weiteren geistigen Fortbildung überwiesen, vgl. Brief v. 13. Juli 1779: „Nun hab ich einen Vorschlag. Wenn Sie in Ihrem neuen

Quartier sind, wünsch ich, daſs Sie einem Knaben, für dessen Erziehung ich zu sorgen habe und der in Ilmenau die Jägerei lernt, einige Aufmerksamkeit widmeten. Er hat einen Anfang im Französischen, wenn Sie ihm darin weiter hülfen! Er zeichnet hübsch, wenn Sie ihn dazu anhielten! Ich wollte Zeiten bestimmen, wenn er zu Ihnen kommen sollte. Sie würden mir viel Sorge, die ich oft um ihn habe, benehmen, wenn Sie in freundlichen Unterredungen ausforschten, mir von seinen Gesinnungen Nachricht gäben und auch sein Wachstum im Auge hätten. Alles kommt darauf an, ob Sie eine solche Beschäftigung mögen. *Wenn ich von mir rechne, der Umgang mit Kindern macht mich froh und jung* . . . . . Sie werden mir einen wesentlichen Dienst erzeigen und ich werde Ihnen von dem, was zu des Knaben Erziehung bestimmt ist, monatlich etwas zulegen können!" Nachdem Goethe am 3. August Leinwand zu einem halben Dutzend Hemden für den Mündel gesandt mit dem Versprechen, nächstens weitläufiger zu schreiben, folgt am 9. Sept. nachstehender bemerkenswerter Brief über die Art und Weise, wie Peter mit Erfolg geistig zu fördern und seinen schwankenden Neigungen zu begegnen sei: „Was Sie an Petern thun, dank ich Ihnen vielmals, denn der Junge liegt mir am Herzen; es ist ein Vermächtnis des unglücklichen Lindau. Thun Sie nur gelassen Gutes an ihm. Wie Sie ihm ankommen können! Ob er liest, ob er Französisch treibt, zeichnet etc., mir ist alles recht, nur daſs er für die Zeit etwas thue und daſs ich von ihm höre, wie Sie ihn finden und was

Sie über ihn denken. Gegenwärtig lassen Sie ihn ja den Jägerstand als sein erstes und letztes betrachten und hören Sie von ihm, wie er sich dabei benimmt, was ihm behagt, was nicht und was weiter. Denn glauben Sie mir, der Mensch muſs ein Handwerk haben, was ihn nähre. Auch der Künstler wird nie bezahlt, sondern der Handwerker ..... Wähnen Sie ja nicht, Peter habe die Geduld und das Ausharren zum Künstler; jetzt, da er in den Wald soll, will er zeichnen, er würde eine Begier nach dem Holze haben, wenn er an die Staffelei sollte."

Was Kraft in der Folge für Petern thut, erkennt Goethe willig und dankbar an: „Durch Ihre Aufmerksamkeit auf diese Dinge und Ihre Bemühungen mit Petern leisten Sie mir einen wahren Dienst und vergelten mir reichlich alles, was ich für Sie gethan." Er selbst läſst es sich angelegen sein, die übernommenen Pflichten sich immer wieder von neuem ins Bewuſstsein zu rufen und die Schluſsworte seines Schreibens „Für Petern will ich sorgen" zur Wahrheit zu machen.

Wie durch diese Briefe, so geht durch Goethes ganzes Leben ein ausgeprägter pädagogischer Zug. Er bedarf immer Jemand Fremdes, mit dem er wachsen, dem er seine zunehmenden Kenntnisse mitteilen kann, und es ist bezeichnend genug, daſs, während sein lieber Zögling Fritz von Stein der Rückkehr des italienischen Freundes harrte, dieser an dem Maler Fritz von Bury einen zweiten Fritz gefunden hatte, von dem er sagen konnte, er habe ihn auch recht lieb.[1] Die natürlichste Anknüpfung boten stets die Kinder. — Wo immer Goethe zu einer Familie einen intimeren brieflichen Verkehr unterhält, da werden auch die jungen Spröfslinge derselben in den Bereich des Interesses gezogen, wo immer er in ein neues Haus oder einen neuen Kreis eintritt, da sind es die Kleinen, denen seine Aufmerksamkeit gilt. Unter dem Drang einer Naturnotwendigkeit sucht er ihre Gesellschaft und dieser Drang, diese Veranlagung seines Wesens führt weiterhin zur pädagogischen Bethätigung, zu jener Wirksamkeit auf dem Gebiet der praktischen Erziehung, die gröfsere Bedeutung beansprucht, als man wohl bisher angenommen.

Zwar die Erzählung, wonach der jugendliche Leipziger Student in der Familie des Kupferstechers Stock den Kindern, wenn der Unterricht ihres Magisters sein Mifsfallen erregte, gelegentlich selbst Bibelstunde erteilte, ist unverbürgt und anekdotenhaft, um so gewisser aber eine ganze Reihe von Episoden, die er uns aus

---

1) Vgl. Brief Goethes an Fritz von Stein (Rom, den 16. Febr. 1788): „Du hättest lange einen Brief von mir haben sollen, denn die Deinigen erfreuen mich sehr, auch denke ich oft an Dich und wenn ich meinem zweiten Fritz etwas zu Liebe thue, so thu' ich im Herzen es um Deines Namens willen. Dieser zweite Fritz ist um 10 Jahre älter als Du und eben auch ein vernünftiger Kindskopf. Du wirst Dich gut mit ihm vertragen, wenn Du ihn einmal zu sehen kriegst. Er hat mich auch recht lieb." Ebds. weiteres über den Abendsegen „Die Zwillinge sind in der Nähe," der auf den zweiten Fritz umgeändert sei, wenn er einzuschlafen pflege. W. 24, 932.

seinem Leben selber erzählt. — Als die d'Orvillschen Kinder über ihm tollen (vgl. Urania s. 85), hält er es für besser hinaufzugehen, als zu tief in den Text zu geraten und meldet der Gräfin Auguste v. Stollberg: „Ich hab das älteste Mädchen anderthalb Seiten im Paradiesgärtlein lassen herabbuchstabieren, mir ist ganz wohl", gerade wie er am 5. Juli 1777 aus Kochberg an Frau v. Stein schreibt: „Ich höre die Kleinen singen und wirtschaften und will zu ihnen", worauf er ihnen bei den Arbeiten hilft. — So kam es, dafs die Söhne aller seiner engeren Freunde, wir nennen hier die Namen Lavater, Herder, Schiller, Knebel, F. H. Jacobi, Nicolaus Meyer, direkt oder indirekt Goethes bildenden Einflufs erfuhren, ja dafs er als Erzieher auftritt, wie wir an dem Beispiel Fritz von Steins sehen.

Bei oberflächlicher Betrachtung der Beziehungen Goethes zu Charlotte von Stein will es uns scheinen, als ob ihr Sohn Fritz nur Mittel zum Zweck gewesen wäre, als ob er mit den übrigen Kindern nur etwas von der Liebe des Dichters zu der Mutter abbekommen hätte, und für den Anfang des Verhältnisses hat diese Auffassung auch ihre Berechtigung. Als Grofsmeister der „Affen" oder „Grasaffen" oder „Meerkatzen", wie der dritte Scherzname für die Steinschen Kinder lautet, hatte sich Goethe in ihren Kreis eingeführt und seiner Neigung und seinem Naturell folgend, bald einen vertrauteren Verkehr mit ihnen hergestellt. Er lädt die Kleinen in seinen Garten zum Feuerwerk und behält sie bei Gewitter über Nacht bei sich, um sie mit Leckerbissen zu traktieren, wie der Brief vom 4. Mai

1777 besagt:[1] „Die Grasaffen haben grofse Lust das Gewitter bei mir abzuwarten und hier draufsen zu kampieren. Eierkuchen haben wir schon gebacken und gegessen. Also seien Sie ohne Sorge, gut sind sie aufgehoben. Morgen sollen Sie sie wieder haben und grofsen Spafs machts ihnen. — Gute Nacht Beste, hab ich doch Ihre Kinder, da Sie so weg müssen." — An ruhigen Abenden kommt er zu ihnen in die elterliche Wohnung, Märchen zu erzählen, und sind sie in Kochberg, besucht er sie dort. Am Spätabend des 11. Juli (vgl. Brief vom 12.) auf dem Landsitz der Freundin angelangt, findet er Fritz schon im Schlafe, während er von Karl, der den ganzen Tag behauptet hatte, Goethe werde kommen, empfangen wird, und Ernst, „der im Hemde stand", sich wieder anzieht. Nun erzählt man sich gegenseitig noch die Wochen-Fata, die Zeichnungen werden „produziert" und am andern Tage Ausflüge gemacht, worüber er in demselben Briefe an Charlotte zu melden hat: „Die Jungens sehr lustig und vergnügt ihrer Wanderung, sie wickeln sich auf und bereiten sich zu Bette." Er vertritt bei ihnen die Stelle der Wärterin — „hab den Fritz gefüttert" — und des Lehrers zugleich. In dieser Eigenschaft hilft er den Kleinen an den Beschreibungen, die sie über ihre Erlebnisse an die Mutter zu liefern haben, besonders wenn sie ihnen zu schwer werden: „Ernst war sehr übel gelaunt und weinte fast, als ich fort wollte

---

1) Vgl. Goethes Briefe an Frau von Stein, herausgeg. von Adolf Schöll. 2. Aufl. bearb. von W. Fielitz, I, S. 80, deren Datierung wir durchweg folgen.

und er mit seiner Beschreibung nicht weiter konnte. Ich nahm es auf mich, das übrige zu melden. Es würde mir aber auch gehn wie Ernsten, drum beruf ich mich, wie er, auf Karlen." (Weimar 14.—17. Juli.) Von den Kindern getrennt, gedenkt er ihrer doch stets, zum wenigsten hat er einen Grufs für sie: „Grüfsen Sie mir die Grasaffen", und wenn er sich einmal in unerquicklicher Lage befindet, dann sind sie eine willkommene Ablenkung für seine Gedanken, so dafs er die Freundin bittet: „Schreiben Sie mir was von den Kindern" (a. Eisenach, den 16. Sept.). — Allmählich bildet sich eine Vorliebe für Fritz heraus. Hiefs es früher: „Grüfsen Sie Steinen und die Kinder", folgt bald die Nachschrift: „Grüfsen Sie alle, Fritzen besonders", bis dieser schliefslich seinen Grufs allein bekommt: „Grüfsen Sie Steinen und Fritzen", „Grüfsen Sie Steinen, Fritz nicht zu vergessen", oder blofs: „Grüfsen Sie Fritzen." Der Knabe hatte zunächst die Rolle des Boten und Berichterstatters überkommen. Er überbringt seiner Mutter von Goethe bald leibliche, bald geistige Speise, Efswaren und Frühstück neben Zeichnungen und Kupfern, oder wird mit Blumen und Früchten von ihm geschickt, um die mit den Kindern getriebenen Possen und ihr Leben zu erzählen. Umgekehrt erhält er Goethe über das Befinden Charlottens auf dem Laufenden: „Fritz brachte mir schon die Nachricht von Deinem Übel." Tritt er als postillon d'amour auf, heifst es: „Einen guten Morgen durch Fritz!" oder „Danke für den guten Morgen auf Fritzens freundlichem Gesicht!" In dieser Eigenschaft möchte er stets etwas Geschriebenes nach Hause mitbringen und wiederholt schreibt Goethe: „Fritz exequiert mich um ein Briefchen an Dich." — Dafs dieser seinerseits nach allen Richtungen erkenntlich ist, versteht sich von selbst. Er möchte, dafs Fritz von jedem Leckerbissen, den er der Mutter schickt, koste: „Von dem Kuchen gieb Fritz ein Teil", wenn er ihn nicht besonders bedenkt und z. B. ein Frühstück für ihn beilegt. An Geschenken sendet er bald Spielzeug, „den Tabaksraucher gieb Fritz", bald Bücher, oder er lädt Fritz zum Essen, weil er eine kleine Aufmerksamkeit für ihn hat. — Es erscheint nur natürlich, dafs Goethe die Gefühle überschüssiger Liebe auf den Knaben mit vereinigt, wie er dies auch offen zu erkennen giebt: „Gute Nacht, ich liebe Dich in ihm und in allem." Er umarmt sie in Fritz aufs herzlichste, küfst ihn in ihre Seele, sagt ihr ewige Treue in ihm zu, wenn er ihn zum Morgengrufs an sich drückt und fühlt bei den Liebkosungen, dafs er nur um seinet- und ihretwillen lebt. Verläfst ihn die Freundin, so benutzt er den Kleinen als Pfand: „Hab mich Deines Fritzes bemächtigt und habe ihn überall herumgeführt", und wenn sie ihm auf diese Weise sogar abwesend durch Fritz „Leben und Unterhaltung" giebt, so ist es ihm bei eigenen Reisen und Ausflügen Bedürfnis, seinen Liebling mitzunehmen. Er packt ihn auf, wenn er nur irgend kann, damit er etwas von ihr habe: „Fritz soll Dein Bildnis sein."

Mit dieser seiner Liebe zu Frau von Stein hatte sich aber nicht nur jene „elterliche Liebe" zu ihrem

Knaben, deren Goethes Brief vom 5. September 1785 Erwähnung thut, sondern vor allem jenes pädagogische Interesse entwickelt, das dauernder als seine Liebe unverändert fortbesteht, als diese schon erloschen und eine Erkaltung der Freundschaft eingetreten war. Wie Goethe dieses Interesse allmählich auch der Mutter einflöfst und zu ihrem Lieblingssohne ein echtes, wahres Erzieherverhältnis mit allen schönen Bezügen der Pietät herstellt, versuchen wir im Folgenden an der Hand jener einzigen Briefe näher zu beleuchten.

Am 22. September 1781 hatte Goethe mit Fritz eine Reise angetreten, die ihn an den Dessauer Hof und von da zur Leipziger Messe führte. Nachdem er von Charlotte mit grofser Freude ihr liebes Unterpfand in Empfang genommen, schreibt er ihr von Merseburg aus: „Mit Fritz an einem Tische hab ich eine Kanzlei aufgeschlagen, er ist recht gut, lieb und rein. *Christus hat recht, uns auf die Kinder zu weisen, von ihnen kann man leben lernen und selig werden.*" In der Nacht des 30. in Weimar wieder eingetroffen, wendet er sich an die in Kochberg weilende Freundin mit der Meldung: „Heute Nacht gegen zwölfe sind wir wieder angekommen. Fritz ist gar brav, es ist davon viel zu erzählen." Im weiteren Verfolg dieser Erlebnisse kommt er dann auf die Bekanntschaften zu sprechen, die er unterwegs gemacht, und fährt dann fort: „Fritzens Urtheil über die Menschen ist unglaublich richtig. Nur müssen wir suchen zu verhindern, dafs ihn das Glück nicht übermüthig mache. *Ich hab ihm einige ruhige, sehr wahre Lectionen gegeben, und er ist sehr geschmeidig."* Nach andern Mitteilungen kommt er am Schluſs dieses Briefes nochmals mit den bedeutsamen Worten auf Fritz zurück: „Meine Liebste, ich habe mich immer mit Dir unterhalten und Dir in Deinem Knaben gutes und liebes erzeigt. Ich hab ihn gewärmt und weich gelegt, mich an ihm ergötzt und seiner Bildung nachgedacht."

Das Jahr 1782 bringt den mit Geschäften und Aufträgen überhäuften Geheimrat, der nicht nur in der Kriegs- und Wegebaukommission saſs, sondern auch als Gesandter des Herzogs auftrat, mancherlei Veranlassungen zu gröſseren und kleineren Reisen und entfernt ihn öfter von den ihm lieb gewordenen Menschen. Die Teilnahme für Fritz leidet darunter nicht. Nach seiner am 18. April erfolgten Rückkehr an den heimischen Herd richtet er seine ganze Fürsorge auf den Knaben, der ihm in der Atmosphäre der Hofpagen, zu denen Fritz zählte, sehr gefährdet erschien. In ihrer Gesellschaft hatte er mancherlei Unarten angenommen und war ohne geregelte Thätigkeit. Goethe veranlaſste deshalb Frau von Stein, Fritz von dort wegzunehmen, um selber für ihn zu sorgen und ihn vor allem zu beaufsichtigen. „Ich habe schon einen sehr schönen Anfang mit Fritzen gemacht", schreibt er gleich in den ersten Tagen (vgl. undatiertes Billet II, 51), um die besorgte Freundin wegen des Unternehmens zu beruhigen. „Er ist den ganzen Tag bei mir und fleiſsig, munter und gut. — Thue nur vorerst das Kind drüben (vom Schlosse) weg und laſs ihn hüben (im Steinschen Haus) schlafen, wenn Ernst weg ist, denn es schickt sich auf alle Fälle nicht länger. Dann wollen wir es einzuleiten suchen und **ich will ihm alles sein, was ich kann.**" Und Goethe macht seine Worte wahr.

Zunächst sucht er den Knaben noch enger als bisher an sich und sein Haus zu ketten. Am 25. April, als er abends die Freundin besuchen will, aber nicht zu Hause findet, bemächtigt er sich Fritzens[1] und führt ihn zuerst in seine neue Wohnung, die er kurz darauf bezog, sodann in seinen Garten, wo er ihm ein eigenes Beet eingeräumt hatte. Auch die Nacht blieb Fritz bei Goethe, kehrte aber am nächsten Morgen wieder zur Mutter zurück. Dies wiederholt sich in der Folge öfter. Goethe beschäftigt den Knaben bei sich in Haus und Garten, behält ihn ausnahmsweise auch wohl des Nachts, bis er ihn im Jahre 1783 ganz in sein Haus nimmt. Im Frühling dieses Jahres, am 14. April, hatte Fritz den Dichter nach Ilmenau begleitet. Die Reisedispositionen vom vorhergehenden Tag lauten: „Fritz kann fahren, muſs aber früh heraus, er mag bei mir schlafen. Sutor soll besorgen, was er mitzunehmen hat." Um $1/_2 4$ Uhr morgens sind beide reisefertig, Fritz läſst die Mutter nochmals grüſsen und der Wagen rollt auf der Landstraſse dahin. Unterwegs versucht er etlichemale zu gehen, sieht sich aber sehr bald nach der Kutsche um. Die Ankunft in Ilmenau erfolgt glücklich, wie sich auch der Aufenthalt daselbst für den Knaben sehr heiter gestaltet. Goethe berichtet

---

[1] Vgl. H. Düntzer, Charlotte von Stein, Goethes Freundin. Ein Lebensbild. Bd. I, 176.

darüber am 16. April: „Gestern bin ich noch mit Fritzen spazieren gegangen, wie Du aus beiliegendem Blatt sehen wirst. Er wollte es noch abschreiben, er ist aber ins Cammerberger Kohlenwerk und der Husar geht ab." Und weiter: „Eben kommt Fritz ganz vergnügt aus dem Kohlenwerk zurück und will noch an seinen Brief etwas anschreiben. Adieu, ich liebe Dich in ihm und ihn in Dir." In Weimar wieder eingetroffen, drückt er die Absicht, Fritz ganz bei sich zu behalten, in einem Briefe vom 18. Mai aus, welcher die Mitteilung enthält, Fritz sei gut, und mit den Worten schliefst: „Sprich mit Steinen wegen Fritzen, ich wollt, es geschähe bald." Schon in der Nacht auf den 25. Mai schläft er bei ihm, am folgenden Morgen räumt er seine Sachen ein und damit war des Knaben leibliches und geistiges Wohl in Goethes Hände gelegt.

Wie gewissenhaft der Dichter seine Erzieherpflichten auffafst, beweisen uns sogleich die Briefe der nächsten Tage.

Als er am 27. nach Jena mufs, nimmt er seinen kleinen Freund mit und meldet von dort am folgenden Tage: „Fritzen traf ich in Maue, wo er mit Götzen hingegangen war, und wir afsen da zusammen. Er hatte grofse Lust, auf die Leuchtenburg, die er vor sich liegen sah, zu gehen. Morgen lafs ich ihn mit Magister Lenz hinfahren, worauf er sich schon sehr freut. — Abends fuhren wir auf der Saale bis Burgau und gingen alsdann völlig herein. — Fritz schläft schon und hat mir aufgetragen, Dir seine Geschichte

zu erzählen, wie ich's denn auch gethan habe." Am
1. Juni, gleich nach der Rückkehr, freut er sich mitteilen zu können, Fritz sei gut und werde ihnen gemeinsame Freude machen, und berichtet tags darauf:
„Fritzen hab ich umquartiert, sag ihm aber nichts. In
der dunklen Kammer war böse Luft, die er nicht ein-
atmen mufs. Jetzt wird er recht artig sein. Du wirst
Dich des Gedankens freuen." In der That nennt er
in einem Billet vom 7. Juni seinen Hausgenossen
„wohl und glücklich", den er auch während seiner
Abwesenheit im Auge behält. Aus Wilhelmsthal und
Gotha, wohin er geführt wird, sendet er Fritz seine
Grüfse mit dem Auftrag, er solle ihm etwas fertig
machen, bis er wiederkomme, es sei „gezeichnet oder
geschrieben", und drückt kurz nachher die bestimmte
Hoffnung aus, dafs es Fritz auch wirklich thue. Am
20. Juni zurückgekehrt, übernimmt er die Führung des
lieben Zöglings sofort wieder und schreibt den 29. (?)
aus einer Situation heraus, die alle Merkmale treu-
sorgender Obhut an sich trägt: „Nun sitz ich mit
Fritzen und diktiere und er schreibt und ihn amüsierts
mitunter und er möchte gerne mehr wissen." — Aber
nicht lange dauerts und Goethe ist schon wieder auf
Reisen, diesmal von Fritz begleitet. Sie gehen im
Spätsommer zunächst nach Langenstein zur Marquise
Branconi, von wo Ausflüge nach der Rofstrappe, der
Baumannshöhle und Rübeland, dann nach Halberstadt
gemacht werden. In den vertraulichen Mitteilungen,
die der Dichter unterwegs an Charlotte macht, sind
diejenigen über seinen kleinen Gefährten stets sehr

erfreulicher Natur, wenigstens hören wir für gewöhnlich, daſs er „munter und froh" sei (vgl. Brief vom 6. Sept.). „Fritz ist recht artig und faſst sich bald, wenn ihm etwas gegen die Stirne läuft", heiſst es dann in einem Brief aus Langenstein vom 9. Sept. und ähnlich in einem andern aus Halberstadt vom 14.: „Was Fritz gut und verständig ist, kann ich Dir gar nicht ausdrücken. Hier ein Brief von ihm, er hat einen gar artigen an Karl[1] geschrieben." Nur selten macht sich ein pädagogisches Eingreifen nötig, wie auf der Wallfahrt nach der Roſstrappe, wovon Goethe (Blankenburg, den 11. Sept.) erzählt: „Es war ein köstlicher Tag. Und nachdem ich mich oben umgesehen hatte, stiegen wir ins Thal hinunter, wo ich Dich hundertmal hingewünscht habe, als ich mit Fritzen auf einem groſsen in den Fluſs gestürzten Granitstück zu Mittag aſs. Du glaubst nicht, wie artig er ist, wie viel Delikatesse er gegen mich zeigt. **Ich habe nur einigemal nötig gehabt, mit ihm ernstlich über kleine Unarten zu sprechen, Du solltest sehen, welch eine reine Wirkung es gethan.** Ich bin auch einzig glücklich in Dir und ihm." — Vom Harz geht es nach Göttingen weiter. Hier möchte Goethe umkehren, Fritz aber quält ihn so sehr, Cassel und besonders den „groſsen Riesen auf dem Winterkasten"[2] zu sehen, daſs er ihm die Freude zu machen beschlieſst, zumal sich der Knabe sehr gut

---

1) Sein Bruder, der auf dem Karolinum in Braunschweig war.
2) Wilhelmshöhe mit dem Herkules.

hält, wie aus der Bemerkung hervorgeht, Charlotte werde sich wundern, wie er zugenommen habe (Göttingen, 28. Sept.). So sieht sie denn der beginnende Oktober in Cassel, wo Fritz, der immer noch keine Lust verspürt, nach Hause zu kommen, für eine Fortsetzung der Reise nach Frankfurt ist. Sein langes Ausbleiben entschuldigend wendet sich Goethe am 2. Oktober an die Freundin: „Wenn es Fritz nachginge, so müfste ich nach Frankfurt, er plagt mich und thut alles, mich zu bereden. Wenn ich ihm sage, seine Mutter sei allein, so versichert er mir, die meinige würde ein grofses Vergnügen haben, uns zu sehen u. s. w." Die Rückreise wird aber in der That angetreten. Schon am 7. Oktober ist Goethe zu seiner grofsen Freude wieder im Stande, Frau v. Stein ein Frühstück mit einem guten Morgen zu schicken. — Es beginnt nun das Stillleben des Winters, ausgefüllt mit geistiger Arbeit für Schule und Leben — es werden Übungen im Schönschreiben, worin Fritz nicht genügte, angestellt und wohl auch selectae historiae auf eine Viertelstunde vorgenommen —, und nur durch eine Schlittenfahrt nach Ilmenau unterbrochen, die Goethe im Februar des Jahres 1784 mit Fritz und seinem Bruder Karl unternimmt. Dafs es dabei sehr lustig hergeht, meldet ein Brief vom 23. Februar. Als er nach der Rückkehr seinen Zögling wieder allein hat, sucht er ihm nach Kräften gutes zu thun und nützlich zu sein, ab und zu einen fröhlichen Tag zu machen (Billet vom 7. März) und hat die grofse Freude, seine Bemühungen mit Erfolg gekrönt zu sehen. Aus

Gotha, wohin er Fritz mitgenommen, lautet der Rapport am 5. Juni: „Fritz ist sehr munter, ich habe ihn an alle Orte allein hingeschickt, damit er sich betragen lerne, und wie ich höre und merke, macht er es recht gut, es freut mich, Dir ihn immer besser wieder zu bringen." Mit einem Drachen im Wagen, den die Gothaischen Prinzen dem Kleinen geschenkt, kommen sie in Eisenach an. Goethe hofft (vgl. Brief vom 8. Juni [Mai]), dafs der Aufenthalt in dieser Stadt den Knaben, der nach Belieben herumschweifen darf, sehr bilden helfen werde, und meldet den 12.: „Fritzen geht es sehr wohl. Er ist mit so viel neuen Gegenständen umgeben, mit denen er spielen kann, mag und darf", sodann am 17.: „Fritz ist glücklich und gut. Er wird, ohne es zu merken, in die Welt hineingeführt und wird damit bekannt sein, ohne es zu wissen. Er spielt noch mit allem, gestern liefs ich ihn Suppliquen lesen und sie mir referieren. Er wollte sich zu tote lachen und gar nicht glauben, dafs Menschen so übel dran sein könnten, wie es die Bittenden vorstellten." Von strengerer schulmäfsiger Thätigkeit erscheint der Knabe völlig befreit in jenen Tagen; wir hören nur, dafs er für Goethe Briefe kopiert und ihn auf seinen beliebten Felsenbetrachtungen ins Gebirge zu Pferde begleiten darf, was ihm stets eine grofse Freude ist. Nachdem die Trennung erfolgt, die Fritz zur Mutter, Goethe nach Kochberg, Weimar, Jena, wiederum in den Harz und nach Braunschweig führt, findet er sich mit dem jugendlichen Genossen Mitte September in Weimar wieder zusammen, übt sich mit ihm im Schönschreiben (vergl. Briefe vom 17. und 25. Sept.), nimmt ihn am 4. Oktober abermals mit nach Ilmenau und schreibt von dort aus am folgenden Tage über die lange Fahrt, die sie zusammen gemacht, über ihren Hunger, sowie ihre Sehnsucht nach einer den Reisenden von Charlotte zugedachten, aber wohl vergessenen Ente und dafs Fritz gar artig sei. Hier war es auch, wo Goethe dem Knaben die zwei ersten Bildungsepochen der Welt nach seinem System erklärte, die dieser recht wohl begreift, während er sich selber über den Versuch freut, durch den er der Materie mehr Wahrheit und Bestimmtheit abgewonnen, und die Worte hinzufügt: „Die Kinder sind ein rechter Probierstein auf Lüge und Wahrheit, es ist ihnen noch gar nicht so sehr wie den Alten um den Selbstbetrug not." Nach der Rückkehr sehen wir beide am 26. auf dem Wege nach Oberweimar ins Laboratorium (vgl. Brief vom selben Tage). Obwohl Goethe lieber zu Hause geblieben wäre, kann er Fritzens Bitten und Drängen doch nicht widerstehen und so handeln sie allerlei mit dem „alten Doktor"[1] ab und kommen etwas feucht zwar, doch sehr vergnügt zu Hause an. Bei dieser Gelegenheit werden auch die chemischen Zeichen durchgegangen, von denen sich Fritz eine Abschrift macht.

Im Anfang des Jahres 1785 befindet sich Goethe in Jena. Da die Freundin ihm durch Knebel hatte

---

1) Dr. Siewer, dessen Wetterbeobachtungs-Museum im Brief vom 26. Mai 1784 erwähnt wird.

sagen lassen, sie werde ihm entgegenkommen, so schlägt er ihr vor, Fritz in der Kutsche bis nach Kötschau mitzunehmen und von da auf seinem geduldigen Pferde mit seinem Diener Götz zurückreiten zu lassen; sie möge ihren Gatten fragen, ob es ihm recht sei, dem Knaben werde es Bewegung und grofse Freude sein. Bald darauf hat er zu melden, dafs er wieder einen Abend ganz friedlich mit Fritz zugebracht, und läfst an ihn, abermals von Jena aus die Aufforderung ergehen, etwas von sich hören zu lassen. Fritz schickt Goethe eine rhythmische Fabel zu, worauf dieser mit ein paar Zeilen am 10. März dankt: „Wenn ich ein so fertiger Poet wäre, wie Du es bist, so antwortete ich Dir in Versen, mein ganzes Gemüt ist aber diesmal so prosaisch, dafs Du mit Prosa vorlieb nehmen mufst. Deine Fabel ist jetzt um vieles besser, und Dein Favorit-Silbenmafs geht ohne Reim ganz gut. Lebe wohl, ich komme bald wieder."[1] Das geschah auch. Mitte April hören wir, dafs er in aller Frühe, als Frau von Stein noch schläft, mit Fritz an ihrem Hause vorbeigeht, um in Belvedere die botanischen Augen und Sinne zu weiden. Sie botanisieren auch am 17. April, wobei Fritz sehr vergnügt ist. Bei einer solchen Gelegenheit geschah es wohl, dafs er sich einen Husten holt. Ohne sich durch sein Übel, das übrigens bald nachläfst — „Fritz schickt

---

[1] Vgl. Briefe von Goethe und dessen Mutter an Friedrich Freiherrn von Stein. Herausgeg. von Dr. Ebers und Dr. A. Kahlert, No. 1.

hier auch ein Zettelchen. Er hat diese Nacht nicht gehustet" — in seinem Mutwillen stören zu lassen, ist er vielmehr lustig und gut, munter und brav, schreibt für Goethe ab, es interessiert ihn alles auf eine gute Weise, so dafs jener meint, er werde in wenig Jahren unglaublich unterrichtet sein. Diese frohe Kunde kam Charlotten bereits wieder aus Ilmenau, wohin Goethe Fritz von neuem mitgenommen, um ihn von da nach Frankfurt zu seiner Mutter zu schicken. Am 21. August wird er mit den besten Wünschen nach Eisenach entlassen und setzt von dort seine Reise an den Main weiter fort. Goethe hört lange nichts von dem Abwesenden, hofft aber dafs es ihm recht wohl ergehe und will deshalb sein Stillschweigen verzeihen. Endlich am 22. September ist er im Stande, Briefe an die Freundin zu schicken, von denen er hofft, dafs sie diese nicht weniger erfreuen würden, als sie ihn erfreut hatten: „Ich bin recht glücklich, einen glücklichen Menschen zu wissen." Am 3. Oktober läfst er die Nachricht folgen, dafs Fritz, der seinen Aufenthalt in Frankfurt dem Luftschiffer Blanchard zu Liebe verlängert hatte, von dort glücklich zurück sei: „Fritz ist gar gut und klug, die Reise ist ihm von unsäglichem Werte. Es wird Dir viel Freude machen, ihn erzählen zu hören, wie viel und wie gut er gesehen." Auch der folgende Brief vom 6. Oktober handelt im wesentlichen von Fritz, über welchen das Urteil lautet: „Er ist lustiger als jemals. Er hat in Frankfurt erst recht Freiheit kennen gelernt, und meine Mutter hat ihn die Philosophie des lustigen

Lebens erst noch recht ausführlich kennen gelehrt. Du wirst Dich wundern, wie er in allem zugenommen hat." Die Tage vergehen Goethe einsam, wenn der Knabe nicht Lärm macht, muſs er verreisen, läſst er ihn nur ungern in Weimar zurück und freut sich über ein Briefchen dann um so mehr, ohne auch hier sein pädagogisches Interesse zu verleugnen, das namentlich in Bemerkungen über Fritzens Handschrift zu Tage tritt.

Im Jahre des Umschwungs 1786 setzt der Dichter die botanischen Studien mit seinem Schüler fort ("Botanica diktiert" an Charlotte II, 318) und treibt auch italienische Studien mit ihm, die er bereits seit Anfang des Jahres aufgenommen hatte. Zu allem übrigen liegt ihm jetzt die Sorge um das Wohl dreier Söhne Charlottens ob. Der an einem Beinleiden erkrankte Ernst und Carl in Göttingen, dessen Sachen dort schlecht stehen, nehmen seine thätige Teilnahme in Anspruch. Während Fritz nach wie vor lustig ist, will es mit Ernst nicht besser werden. Am 9. Juli teilt er der in Carlsbad weilenden Freundin das Gutachten der Ärzte über Ernst mit, dahin lautend, daſs, nachdem bereits der eine Fuſs chirurgisch behandelt worden sei, auch der andere aufgemacht werden müsse; er verstehe nichts davon, und da man seinen Wunsch, den Kranken im Carlsbad zu wissen, nicht erfüllt, habe er für den armen Jungen keinen mehr zu thun; er könne nur seine Leidenskraft bewundern, die über alle Begriffe gehe. Mit Fritz, der sich in Goethes Stube einquartiert hatte, gestaltet sich das Zusammenleben um so traulicher: "Fritz setzt sich eben zu mir und läfst sich gekochte Kirschen mit einer recht süfsen Sauce herrlich schmecken; er grüfst Dich, da er hört, dafs ich an Dich schreibe, und will auch ein Blatt beilegen." In demselben Briefe heifst es am Schlufs: „Fritz freut sich sehr, dafs ich ihn ans Kamin zu mir sitzen lasse, das nicht immer gestattet wird, weil er unruhig ist und Unfug macht. So sitzen wir zusammen, die Deinigen." — Diese gemütsvollen Worte hatte Goethe am 12. Juli geschrieben schon im Vorgefühl einer bevorstehenden Trennung. Am 27. trifft er in Carlsbad ein, am 3. Sept. früh 3 Uhr tritt er von dort aus seine geheimnisvolle Reise nach Italien an.

Hatte er sich so leichten Herzens von seinem jungen Freund getrennt und ihn so ohne weiteres sich selbst überlassen? — Die einschlägigen schriftlichen Zeugnisse beweisen das Gegenteil. Sein letzter Brief aus Carlsbad ist an Fritz gerichtet: „Ehe ich aus Carlsbad gehe, mufs ich Dir noch ein Wort schreiben. Ich habe Dich sehr vermifst und wollte, ich hätte Dich bei mir, auch jetzt, da ich noch meinen Weg weiter mache. Ich bin recht wohl und hoffe, Du sollst es sein und bleiben. Ich bin auch sehr fleifsig gewesen und die 4 ersten Bände meiner Schriften sind in Ordnung. Der August soll Dir viel erzählen; gehe manchmal zu Herders und mit Augusten spazieren, er ist ein gar gutes Kind. Du sollst Holz haben, wenn Deines noch nicht angekommen ist, gedenke meiner am Kamin. Lebe wohl, wenn ich zurückkomme, erzähle ich Dir viel." (Ebers und Kahlert No. 5). Schon unterwegs kommt die Sehnsucht nach seinem Liebling, das Bedauern ihn nicht mitgenommen zu haben, zu hellem Durchbruch: „Grüfse mir Fritzen! Es betrübt mich oft, dafs er nicht mit mir ist, hätt' ich gewufst, was ich jetzt weifs, ich hätt' ihn doch mitgenommen." (Tagebücher und Briefe aus Italien a. a. O. s. 6.); „Fritzen wünsch' ich hundertmal zu mir." Ebds. s. 7; „Grüfse Fritzen, ich kann ihm heute nicht schreiben. Ich freue mich seiner in Hoffnung" s. 8; „Oft wünsch' ich mir Fritzen und bin und bleibe allein" s. 16. — „Möcht' ich doch Fritzen mitgenommen haben" (s. 21) ist der beständige Refrain seiner Briefe an Frau von Stein, oder der unausgesprochene zwischen den Zeilen zu lesende Gedanke. Gegen Abend mufs er sich, obwohl sonst sehr munter, in Acht nehmen, da er ein klein wenig traurig werden kann und die Sehnsucht nach der Freundin, nach Fritzen und Herder überhand nimmt (s. 101). Auch in den Briefen an Fritz sind diese Töne angeschlagen (vgl. Ebers und Kahlert No. 7): „Mein lieber Fritz! Wie sehr es mich verlangt, etwas auch von Dir zu wissen, kannst Du denken, da Du weifst, wie lieb ich Dich habe. Oft thut es mir im Herzen weh, dafs Du nicht bei mir bist, da ich so viele und so merkwürdige Gegenstände täglich betrachte. Lafs Dir von Deiner Mutter sagen, wo ich bin, und lafs Dir sonst von ihr mitteilen, was ich ihr schreibe. — Ich bin in einem schönen warmen Lande, es fängt jetzt an zum zweitenmal auf Wiesen und Plätzen grün zu werden. Das Gras und die Kräuter keimen zum

zweitenmal, und wenn auch die Blätter von vielen
Bäumen fallen, so sind doch viele, die immer grün
bleiben. Es geht ein warmer Wind, der zwar oft
Regen bringt, doch mir nicht schadet, wie er andern
thut, die länger hier sind. — Lebe wohl! Sei brav
und gedenke meiner; lafs Dir in meinem Zimmer wohl
werden. Morgen und Abend macht man doch auch
schon hier Kaminfeuer. — Ich hätte Dir wohl viel zu
sagen, es wird sich aber besser erzählen lassen." —
Unausgesetzt sind seine Gedanken mit Fritz beschäftigt, unermüdlich seine Bemühungen um ihn: „Grüfse
Steinen und Ernst, Fritzen danke für seinen Brief, er
soll mir oft schreiben, ich habe schon für ihn zu
sammeln angefangen, er soll haben, was er verlangt
und mehr als er verlangt." (Tageb. s. 242). Auch
Tischbein hatte er für den Knaben zu interessieren gewufst, so dafs dieser ihn grüfsen läfst und sich seiner
anzunehmen verspricht. — Während sich Goethe so in
Fürsorge und Erkundigungen erschöpft, in der Hoffnung lebt, Fritz werde sich in seinen vier Wänden
wohl sein lassen, ihm seinen ganzen Haushalt zur
Verfügung stellt — „Wenn Du aus meinem Haus
etwas brauchst, das nimm zu Dir" — und sich freut,
wenn er etwas von dem Seinigen benutzen kann,
safs Fritz schon lange nicht mehr an dem traulichen
Kamin. Es war noch kein halbes Jahr seit Goethes
Abreise aus Weimar verflossen, als Frau von Stein
ihren Sohn wieder zu sich nahm. — Wie schmerzlich
der Freund jenseits der Alpen von diesem Eingreifen,
das er aber durch sein Stillschweigen offenbar selbst

verschuldet hatte, berührt wird, beweist sein Brief vom 29. Dezbr. 1786 aus Rom: „Dafs Fritz nicht mehr in meinem Hause ist, betrübt mich. Ich glaubte es recht gut gemacht zu haben. Ich hatte ihn in meine Stube installiert und Seideln bei ihm zu schlafen bestellt. — Es sei das letzte Mal, will's Gott, dafs ich stumm ein solches Unternehmen ausführe, möge mir doch ein guter Genius immer die Lippen offen halten" (s. 245). — Aber weit entfernt verstimmt zu sein oder es seinem Zögling und dessen Mutter entgelten zu lassen, schreibt er am 4. Januar 1787 ihm scherzend von seiner Aufnahme in die „Arcadia" (No. 8) und am 13. an Frau von Stein: „Grüfse Fritzen. Ich habe die schönsten Schwefelabgüsse in der Stube, warum ist er nicht bei mir!" Im Brief vom 18. Jan. grüfst er alles und dan Fritz und Ernsten für ihre Briefe, bittet die Mutter, alles zu schicken, was Fritz schreibe, drückt am folgenden Tage seine Sorge um des Knaben Augen aus, woran er litt, und legt am 20. einige Visitenkarten „zum Spafs für Fritz" bei, weitere Exemplare zur Verteilung an Freunde in einem abzusendenden Paket in Aussicht stellend, ohne auch hierbei den Ausruf unterdrücken zu können: „Hätt' ich ihn nur bei mir!" (s. 265). — Was er seinem Liebling mitbringen soll, darüber ist er nicht im Zweifel, wie seine Erwähnung der Schwefelabgüsse gegen Charlotte beweist; wohl aber möchte er von dieser wissen, womit er Ernst und Herders Kindern, für die er ein „Studium Marmorarten" bestimmt hatte, eine Freude machen könne. Ein Paket, das er am

2. Februar ankündigt (s. 275), zu bestellen durch einen Hannoveraner, enthielt „Ernst und Scherz" für die Kinder und am 19. schreibt er, dafs der nach Weimar zurückkehrende Konzertmeister Kranz, der auch Überbringer der Geschenke an Herders Kinder ist, eine Schachtel an Seidel abliefern würde, darin allerlei für die Kinder sei (s. 287). Im November ging der Italiener Philippo Collina, für den Dienst der Herzogin bestimmt, deren Absicht war nach Italien zu reisen, nach Weimar. Auch dieser bringt Geschenke für Fritz mit, darunter von Angelica Kaufmann eine schöne Zeichnung und etwas anderes, das er nach seiner rätselhaften Beschreibung erraten sollte. Im Dezember endlich sandte er durch Herrn Thurneisen aus Frankfurt ein Schächtelchen, darin Sepia für Fritz und ein Papierchen für seine Mutter lag.

Am 22. April 1788 hatte Goethe unter schmerzlichen Gefühlen Rom verlassen, am 18. Juni traf er in Weimar wieder ein. Unter den ihm teueren Menschen, die ihn in die kleine thüringische Residenz wieder zurückzogen, stand Friedrich von Stein obenan. Schon am 10. März 1787 hatte er von Neapel aus an ihn, der sehnsüchtig seiner Rückkehr harrte, u. a. geschrieben: „Ich komme sobald zurück, als mir möglich ist, sobald ich mir eine gewisse Art von Kenntnis von diesem Lande erworben, sobald ich das Merkwürdigste von Natur und Kunst gesehen habe. Dann will ich Dir erzählen, wir wollen mancherlei Betrachtungen anstellen, und mit der Zeit will ich Dich einmal selbst hierher bringen. — Mache Dir keine traurigen Vorstellungen von meinem Aufsenbleiben. Es war mir höchst nötig, dafs ich wieder eine grofse Masse von Kenntnissen, von neuen Begriffen mir eigen machte, an denen ich wieder eine Weile verarbeiten kann. Es wird mir und alle den Meinigen zu Gute kommen. — Grüfse Ernsten und lafs ihn mir auch einmal schreiben, was er macht. Empfiehl mich Deiner Grofsmutter zu geneigtem Andenken; *ich freue mich aus mehr als einer Ursache nach Hause und Du bist eine der ersten."*

Es war aber nicht nur die Freude, sondern in noch höherem Grade die Sorge um Fritz und das Gefühl der ihm und Charlotten gegenüber übernommenen Pflichten, die ihn in Italien auf die Dauer nicht recht zur Ruhe kommen liefsen. Dies drückt sich sehr deutlich in seinen Mitteilungen an Philipp Seidel und in einem Brief an den Herzog vom 25. Januar aus: „Gar manches", heifst es darin, „macht mir den Rückgang nach Hause reizend. Ohne Ihren Umgang, den Umgang geprüfter Freunde länger zu leben, ist denn doch so eine Sache. Das Herz wird in einem fremden Lande, merk' ich, leicht kalt und frech, weil Liebe und Zutrauen selten angewandt ist. — *Meine grösste Sorge, die ich zu Hause habe, ist Fritz. Er tritt in die Zeit, wo die Natur sich zu regen anfängt und wo leicht sein übriges Leben verdorben werden kann."* (Vgl. Briefe an Charlotte II. 350). Und an seinen vertrauten Gehilfen schreibt er am 9. Febr. 1788: „Nun habe ich wegen Fritzens etwas mit Dir zu reden. Überlege doch, ob Du Zeit, Mufse und Lust hast,

Dich seiner anzunehmen und ihm einigen Unterricht zu geben. Ich wünsche es besonders, da ich noch nicht weiſs, wie es auf Ostern mit mir wird. Mein Gedanke wäre, wenn Du ihm von dem Rechnungswesen im Allgemeinen Begriffe gäbest, dann im Besondern, was zu dieser und jener Art, besonders bei Kammern und Ämtern nötig ist, ihn eben in den Begriff leitest von dem, was bei einem Rechnungsamt vorkommt, seine Fähigkeit zum Mechanischen prüftest, um überhaupt zu sehen, wo sein Gemüt hinaus will. Du könntest ihm einen sinnlichen Begriff von den Einkünften des Fürsten geben, von der Art, wie sie zu erheben, zu verwahren, zu berechnen etc., genug, ihn mit praktischem, lebendigem Sinne in den Vorhof kameralistischer Beschäftigungen führen und mir schriftlich oder mündlich Deine Gedanken sagen. Du findest wohl Zeit hierzu und übernimmst wohl gern dieses Geschäft, das löblich ist und *wodurch Du mir eine Sorge abnimmst. Denke zugleich an sein physisches Wohl und mache Dir eine Angelegenheit zu sehen, wie es mit der Entwicklung seiner Kräfte geht und wird.* Sprich Frau von Stein über das Alles; ich habe ihr schon deshalb geschrieben. Du begreifst meine Absicht und wirst sie gut durchdenken und ihr entgegen arbeiten. Hast Du nur einen vierwöchentlichen Versuch gemacht, so läſst sich weiter und bestimmter über die Sache handeln" (W. 24, 928). Bald darauf sollte es ihm selbst wieder vergönnt sein, für Fritz persönlich zu sorgen und er thut es auch nach den verschiedensten Richtungen trotz der veränderten

Verhältnisse, die den Zurückkehrenden in Weimar erwarteten.

Als Frau von Stein am 22. Juli 1788 zur Reise nach Kochberg von Goethe Abschied nehmend ihren Fritz empfahl, antwortet er: „Fritz soll mir lieb sein; es freut mich immer seine Gegenwart und wenn ich ihm etwas sein kann", und am 12. August, nachdem sich Fritz wieder einmal als Bote und Überbringer eines Grufses eingestellt hatte: „Es war mir sehr erfreulich, Fritzen wieder zu sehen, *er wird mir wohl bleiben, wenn alles sich entfernt."* — Die pessimistische Stimmung, die sich des Dichters in der Folge bemächtigt, blieb, wie natürlich, auch nicht ganz ohne Einflufs auf sein Verhältnis zu Fritz, so dafs er am 24. August schreiben konnte: „Fritz ist gar gut, nur helfe ich auch ihm wenig, wie ich denn überhaupt gänzlich unnütz bin." — Das war aber nur eine vorübergehende Wallung. Am 9. November sehen wir beide wieder zusammen auf dem Wege nach Jena, wo Goethe bei Loder Muskellehre zu studieren beginnt. Fritz reitet am 12. wieder zurück und empfängt von dem Freunde ausführliche Berichte über das, was er erlebt und gelernt. — Die liebevolle Teilnahme verringert sich im Jahre 1789 nicht. Mit besonderem Lobe gedenkt er in seinem Brief vom 10. Mai an Carl August seines Fritz von Stein, der sich über seine Erwartung herausnehme, so dafs der Herzog in einigen Jahren über ihn erstaunt sein werde. Er habe viel Gutes von Wedeln, dazu Gelegenheit sich zu unterrichten und den glücklichsten Humor zum Lernen und Erfahren. — Unterdessen hatte

Goethes pädagogisches Interesse durch die Person des Erbprinzen einen neuen Anreiz erhalten. Wir hören von ihm selbst, dafs er sich viel mit ihm beschäftigte — „Ich war eine Woche mit dem Prinzen in Belvedere. Das Kind macht mir viel Freude" —, das hinderte ihn jedoch nicht, mit Fritz den regsten Verkehr fort zu unterhalten. „Fritz ist vergnügt und besucht mich fleifsig. Der Prinz befindet sich munter und frisch" meldet er der Freundin am 1. Juni und freut sich bei Gelegenheit des Schlofsbaues, wo Goethe den Baumeister Arendts bei sich hatte und seine architektonischen Kenntnisse erweiterte, Frau von Stein sagen zu können, dafs auch Fritz Nutzen daraus ziehe. Er werde in wenigen Tagen viel lernen, da er Verstand genug habe, das Rechte geschwind zu merken (vgl. Brief vom 8. Juni). — Das Jahr 1790 führt den Dichter abermals nach Italien, von der Herzogin Mutter, deren Aufenthalt in Venedig sich verzögerte, aufgefordert ihr entgegen zu kommen. Vor der Abreise hätte er gewünscht, Fritz noch einmal zu sehen und ihm ein Lebewohl zu sagen, wie der Brief vom 12. März aus Jena beweist, der mit den Worten schliefst: „Grüfse die Deinen und behalte mich lieb, wie ich Dich immer lieb und wert behalten werde. Nach Augsburg hat Sutor meine Adresse." Auf diese Reise folgt noch in demselben Jahre eine andere nach Schlesien. Unterwegs von Landshut aus wendet er sich am 31. August an Fritz: „Ich danke Dir für Dein Briefchen. Ich schreibe Dir von einem Orte, der, wenn Du ihn auf der Karte suchst, nah der böhmischen Grenze liegt.

Ich gehe aber wieder zurück nach Breslau, nachdem ich einige Tage in der Grafschaft Glatz zugebracht. Recht vieles habe ich gesehen, das ich Dir gönnte, das Du brauchen könntest und das bei mir einerlei ist. Manches kann ich Dir mitteilen, wenn ich nur nicht oft eben so wenig redselig wäre, als ich schreibselig bin. In dem Gewühl hab' ich angefangen, meine Abhandlung über die Bildung der Tiere zu schreiben, und damit ich nicht gar zu abstrakt werde, eine komische Oper zu dichten. Du siehst, daſs mein Naturell aushält, ich wünsche Dir desgleichen. — Lebe wohl. Grüſse Deine Eltern. Behalte mich lieb, so wunderlich ich bin." — Muſste Goethe für seinen jungen Freund und seine Zuneigung fürchten, um unter der Form der Selbstkritik eine solche Bitte auszusprechen? — Jedenfalls suchte er seinerseits die alten Beziehungen aufrecht zu erhalten, als Fritz im Sommersemester 1791 zu juristischen Studien die Universität Jena bezog und sich dort an das Schillersche Ehepaar enger anschloſs, bei dem er auch wohnte. Goethe unterhielt sich mündlich und brieflich über die eigenen wissenschaftlichen und dichterischen Arbeiten mit dem jungen Studenten, vertraute ihm u. a., daſs er an dem „Groſskophta" arbeite und suchte auf seinen Studiengang zu wirken. „Ich hätte gewünscht", schreibt er am 6. August 1791, „Dich wieder einmal zu sprechen, und zu hören, wie es Dir geht. Ich habe Dir auch manches zu erzählen, denn es ist mir einiges geglückt, das Dir auch Freude machen wird. — In Gotha habe ich mich des physikalischen Apparates mit groſsem

Nutzen bedient und bin recht weit vorwärts gekommen. Der 3. Akt meines Schauspiels ist auch geschrieben und die Kärtchen werden nächstens Sutors Fabrik in Bewegung setzen, so geht Eins mit dem Andern fort. — Lebe wohl, ich verlange recht zu hören, wie Dir das akademische Leben anschlägt." — Trotzdem war nicht alles zwischen ihnen, wie es sein sollte. Es konnte nicht ausbleiben, daſs Goethes gestörtes Verhältnis zur Mutter auch den Sohn in Mitleidenschaft zog, und Fritz mochte sich wohl zurückhaltend gegen Goethe gezeigt haben. Jedenfalls geht aus verschiedenen Andeutungen ganz unzweideutig hervor, wie sehr Fritz die gespannten Beziehungen beklagte und schmerzlich bedauerte, um die innige Gemeinschaft mit Goethe gekommen zu sein, in dem er nicht bloſs den Erzieher sondern auch den Freund zu sehen gewohnt war. Damals in der Zeit, wo Frau von Stein Fritz verbot, des Dichters Bild wieder in ihre Stube zu bringen (1789), wähnte er sich nie verlieben zu können und verlangte sehnsüchtig nach einem Freund, dem er sich anvertrauen könne. Als er aber 1793 zu seiner weiteren Ausbildung die Handelsakademie von Büsch in Hamburg zu beziehen gedachte und sich brieflich an Goethe mit der Bitte wandte, den nötigen Urlaub bei dem Herzog zu erwirken, zeigte jener die alte Bereitwilligkeit. Nur ein ganz leiser Vorwurf klingt durch, wenn er am 28. August, seinem Geburtstag, erwidert: „Für Dein Andenken danke ich Dir, mein Lieber, und freue mich, wie Du auf Deinen Wegen wandelst. Den Herzog habe ich von Deinem Vorhaben benachrichtigt, ich hoffe Dich zu sehen, ehe Du verreisest. Lebe wohl und behalte mich lieb und die Meinigen, dabei wirst Du Dich selbst lieben, denn ich zähle Dich immer dazu." — Was Frau von Stein zwar nicht glauben wollte, in der That aber der Fall war, Goethe verwandte sich auch bei Carl August mit Erfolg für Fritz. Er teilte ihm dessen Anliegen mit unter der Bemerkung, welche grofsen Hoffnungen er auf Fritz setze, worauf der Herzog den Plan billigte, seinen Stuhl in der Kammer und seine Anciennität zu wahren versprach und Goethe aufforderte, sich monatlich zwei Mal von seinem Schützling Rapport abstatten zu lassen über das, was er lerne und bemerke, damit sich dieser an deutliche Begriffe gewöhne, und man sehe, welche Richtung sein Geist nehme! Goethe könne ihm dann helfen, dafs seine Aufmerksamkeit anhaltend an dieselbe Schnur sich binde und daran sich fortziehe. — Fritz am 6. September nach Hamburg abgereist, wurde dort von der Gelbsucht, seiner ersten Krankheit befallen und erhielt von dem teilnehmenden Freund an der Ilm ein vom 23. Oktober datiertes längeres Schreiben, dessen Eingang lautet: „Ich habe mich sehr gefreut, einen Brief von Dir zu sehen, um so mehr, als mir Deine Mutter sagte, Du seiest unterwegs krank geworden; ich wünsche, dafs Du bald völlig mögest von dem Anfall geheilt sein, und hoffe, dafs Du einen geschickten Arzt gebrauchst. Schreibe mir, wie Du Deinen Hamburger Aufenthalt benutzest, da die Einrichtung der Hamburger Akademie nicht so viel gewährt, als die Ankündigung hoffen liefs. Das grofse

Leben und Treiben um Dich her wird Dich bei aufmerksamer Betrachtung über tausend Dinge am besten belehren. Versäume nicht die mancherlei Rechnungsarten kennen zu lernen und sie zu üben, dafs Du sie bequem übersehen und beurteilen kannst. Schreibe mir, wie Du vorwärts kommst. Das reelle Verhältnis, das grofse Kaufleute als kleine Puissancen zu den Welthändeln haben, wird Dir auch die politischen Begebenheiten interessanter machen, wenn Du den unmittelbaren Einflufs in die Komptoire und Kassen Deiner Freunde und Bekannten sehen wirst." — Goethe war mit dem Nutzen, den Fritz aus seinem Aufenthalt in Hamburg zog, zufriedener als die anderen Instanzen, die bedauerten, dafs es mit der Handelsakademie daselbst nicht so gut stehe, wie die Berichte darüber gelautet hätten, und machte nach der Angabe der Frau von Schardt die Bemerkung: „Wäre Fritz nicht ein Mensch, der sich zu finden und eine Sache zu nehmen weifs, wie sie ist, so müfste er gleich nach Hause;" bei seinen besonderen Eigenschaften werde er jedoch auch hieraus seinen Nutzen ziehen, was er bei Herders Wilhelm, der demselben Institut anvertraut werden sollte, nicht voraussetzen zu können glaubte, weshalb er den Eltern das Vorhaben wiederriet. — 1794 im April kehrte Fritz, nachdem er Goethe eine Abhandlung über den Hamburger Handel gesandt hatte, nach Weimar zurück, um bald darauf über Frankfurt den Rhein hinunter nach England zu reisen. Goethe kann in einigen freundlichen Worten vom 16. Mai zu dem Entschlusse, die „merkwürdige Insel" zu besuchen nur Glück wünschen. Solange man jung und nicht an bestimmte Verhältnisse gebunden sei, solle man reisen; an den fremden Orten solle man sehen, was man sehen könne, weil man selten wieder an den verlassenen Platz komme. — Seine Briefe an Fritz nach England gehen jetzt durch die Hand der Mutter, bei der er sich stets nach dem Abwesenden erkundigt. Fritz selbst läfst es an eingehenden Berichten an Goethe nicht fehlen, wie aus einem Brief des letzteren vom 14. August hervorgeht: „Deine gute Natur, mein lieber Sohn, verdient alles Lob, da Du keinen der Fehler und übeln Gewohnheiten Deines Pflegefreundes angenommen hast. Du magst in der Abwesenheit nicht allein an Deine Freunde denken, sondern schreibst ihnen auch gern und wünschest von ihnen zu hören; Du besorgest Aufträge willig und schnell und was des Guten noch mehr ist. Ich danke Dir für Deine beiden Briefe und für das übersendete Prisma, das mir eben zur rechten Zeit ankommt. Das Steinchen an Fräulein von Imhoff ist besorgt. — Wenn Du die Fragen des Koadjutors[1] alle so gut beherzigst und beantwortest, als Du den Theater- und Kunstartikel, den Du mir gewidmet hast, so wird er wohl zufrieden sein. Ich freue mich, die mannichfaltigen Betrachtungen zu hören, die Du mit geradem frischen Sinne in einer so grofsen Welt und in diesem interessanten Momente machst." — Nicht minder vertraulich und herzlich ist

---

1) von Dalberg, gleichfalls ein Gönner des jungen Stein, der sich besonders die Förderung seiner cameralistischen und statistischen Studien angelegen sein liefs.

der darauffolgende vom 28. Aug., worin er die Freude ausdrückt, sich nach seiner Rückkehr über die englische und besonders die Londoner Welt mit ihm unterhalten zu können. In einem so ungeheuren Element, wo wie im Weltmeere unendlich viele Formen der Existenz möglich seien, entstehe immer eine aus der anderen und nähre sich eine von der andern. Den Pflegefreund werde Fritz finden, wie er ihn verlassen. — Nachdem der englische Urlaub abgelaufen war, wird Fritz ein weiterer bewilligt, damit er sich im ökonomischen Fach in Preußisch-Polen umsehe, und zwar beschließt der Herzog, ihn auf einige Jahre nach Breslau zu schicken, sehr gegen den Willen Charlottens, die befürchtet, daß um der fürstlichen Ökonomie willen, die eigene, mit der es nicht gut stand, zu Grunde gehe, aber aufs höchste erfreut ist, als Fritz Mitte April 1795 in Weimar wieder eintrifft. Dem noch in Jena weilenden alten Freund teilt er seine Rückkehr und den Wunsch mit, sich den Austritt aus dem weimarischen Dienst vorzubehalten, wenn ihn auch der Herzog bei seinem Aufenthalt in Schlesien unterstütze. Goethe antwortet am 24. April: „Mit wahrer Freude vernehme ich, daß Du wieder nach Hause gekommen bist und hoffe Dich bald zu sehen und mich mit Dir über Deine Reise zu unterhalten. Deine Erklärung wegen des schlesischen Aufenthalts werde ich an Durchlaucht den Herzog gelangen lassen. Ich wünsche, daß er sie billig finde und Dir seine gnädigen Gesinnungen continuiere. Behalte mich lieb und erfreue Dich desselben geraden Wegs, auf dem Du wandelst." — Als er von dem Herzog einen gnädigen Bescheid erhalten, worin u. a. gesagt war, der junge Mensch scheine recht ordentlich und solide geworden zu sein, auf seine Vorsicht jedoch könne ihm Goethe bemerklich machen, daſs er nicht gewohnt sei, jemanden mit Leib und Seele zu verkaufen —; schickt dieser den Brief am 27. April 1795 von Jena aus an Fritz mit dem Bedeuten, ihn niemandem zu zeigen, denselben vielmehr gelegentlich zurück zu geben und fährt dann fort: „Ich wünsche Dich bald zu sehen und von Dir zu vernehmen, in welcher Epoche sich Dein ganzes Wesen und auf welcher Stufe sich Deine Kenntnis befindet, nach welcher Seite Du Dein Wissen zu erweitern und wohin Du eigentlich Deine Thätigkeit zu richten Lust hast. Es soll mich freuen, Dir dabei auf irgend eine Weise nützlich sein zu können."

Noch im Oktober des Jahres trat Fritz seine Reise nach Breslau an, um, wie Schiller meinte, die Nationalökonomie zu studieren und sich zum weimarischen Kammerpräsidenten heranzubilden, in Wahrheit, um sich in Schlesien eine zweite Heimat zu gründen. Schon 1794, als er in Berlin war, hatte man ihn dort zu bestimmen gesucht, beim preuſsischen Finanzdepartement einzutreten. Damals hatte er wegen ungenügender Garantieen abgelehnt. Als ihm aber der Minister Graf Hoym, der den durchaus tüchtigen jungen Mann schätzen und lieben gelernt hatte,[1] nunmehr

---

[1] „Der Minister hat eine gute Art, Dich zu erziehen", schreibt Frau von Stein am 28. Mai 1796 an Fritz, „und traut

(1796) bestimmte Anträge machte, glaubte er nicht ablehnen zu dürfen. Es galt jetzt nur, dem Herzog, der sich seine Ausbildung viel hatte kosten lassen, mit der nackten Thatsache des Austritts aus dem Dienst des Landes nicht wehe zu thun. Goethe, an den sich Fritz mit der Bitte um Vermittlung wandte, riet zuerst, Fritz solle den Erbprinzen einige Jahre begleiten und sich von Carl August die Kammerpräsidentenstelle in Eisenach versprechen lassen, dann aber stimmte er den Plänen und Absichten seines Schützlings bei, indem er am 7. Sept. 1796 aus Jena an die Mutter schreibt: „Bei mir ist Fritz ganz entschuldigt; wer gerne leben mag und ein entschiedenes Streben in sich fühlt, einen freien Blick über die Welt hat, dem mufs vor einem kleinen Dienst wie vor dem Grabe schaudern. Solche enge Verhältnisse können nur durch die höchste Konsequenz, wodurch sie die Gestalt einer grofsen Haushaltung annehmen, interessant werden. — Hierbei liegt auch ein Brief an Fritz,[1] ich weifs ihm nichts weiter zu sagen; denn, wie ich Ihnen schon eröffnet habe, glaube ich, dafs die Sache gemacht ist" (vgl. Goethes Briefe an Frau v. Stein II. 386). Wie er sich hierin irrte, Frau von Stein vielmehr bis zum letzten Augenblick hoffte, ihren Lieblingssohn dem heimischen Dienst zu erhalten, zumal da die Anstellung in Preufsen sich in die Länge zog, wie er sich

---

Dir (Nota bene) mir zu Ehren, viel Mutterwitz zu. Ich bin ihm gut, weil er scheint, Dich lieb zu haben."

1) Dieser Brief ist verloren.

dann von neuem in der Lage sah, der Freundin „aufzuwarten", über Fritz das Weitere zu besprechen, wie der Herzog sich verletzt fühlte, als der Sohn seines ersten Hofbeamten, von dem Ideal eines grofsen Militärstaates angezogen, den weimarischen Dienst einen Dienst ohne Ehre nannte, und Goethe in der Rolle des ehrlichen Maklers mit Erfolg zum Guten redete, liegt aufserhalb des Bereichs dieser Darstellung. Es genüge zur Vervollständigung der Lebensskizze Friedrich von Steins hier nur noch zu erwähnen, dafs er, nachdem ihm die Mutter am 11. Sept. 1797 den offiziellen Abschied aus dem herzoglichen Dienst gesandt hatte, nach längerem Warten 1798 als Domänen- und Kriegsrat in Schlesien angestellt, sich 1804 vermählte, ohne das gehoffte Glück in der Ehe zu finden, unter der Herrschaft der Franzosen viel litt, seine Stellung als Kriegsrat aufgab, weil er nicht unter den Fremden dienen wollte, in derselben schweren Zeit (1808) seine Frau im Wochenbett verlor, sich nach mancherlei Krankheit und Mifsgeschick wieder erholte, eine zweite wiederum nicht glückliche, vielmehr bald wieder getrennte Ehe schlofs, dagegen in seiner Stellung als Generalrepräsentant der schlesischen Landschaft und Präses der schlesischen Gesellschaft für vaterländische Kultur, zugleich auch als Mitstifter und Vorsteher des schlesischen Vereins für den Unterricht der Blinden eine aufserordentlich erfolg- und segensreiche Wirksamkeit entwickelte und als Beamter und Mensch gleich hochgeachtet, ein liebenswürdiger Greis mit menschenfreundlichem Sinne und feiner Bildung, wie er von Männern seiner persönlichen Bekanntschaft geschildert wird, am 3. Juli 1844 sanft und schmerzlos verstarb. —

Für unseren Dichter war aus dem einstigen Schüler und Zögling der liebe Breslauer Freund geworden, den er, obwohl er in der Ferne ein Verhältnis mit Menschen nicht gut haben kann, doch nicht vergifst. Der letzte Liebesdienst, welchen er dem aus seiner thüringischen Heimat Scheidenden erweist, bestand in dem Einpacken seiner Bücher. Als er im Herbst 1796 von einer Reise aus Ilmenau zurückgekehrt war, stellte er sich, wie er versprochen hatte, bei Frau von Stein ein, um eine Anzahl Bücher aus Fritzens Bibliothek und seine Münzen in eine Kiste zu packen. „Heute oder morgen wird das Einpacken Deiner Kiste vollendet", meldet Charlotte am 22. Nov. dem Sohne, „und zwar hat Goethe schon zwei Vormittage damit zugebracht und wird heute auch noch einige Stunden damit zubringen. Er macht es sehr ordentlich und gerne." — Im Jahre 1803 ergreift dieser bei dem Versuch, Fritz zum Recensenten für die Jenaische Litteraturzeitung zu gewinnen, die Gelegenheit, sein Andenken bei ihm zu erneuern, (vgl. Brief vom 10. November), und läfst kein Ereignis im Herzens- und Familienleben des Freundes vorübergehen, ohne seinen treusten Anteil an den Tag zu legen. Wie er „zum neugebornen Söhnlein" Glück wünscht (Düntzer, Charlotte II. 251), so hat er auch Worte der innigsten Teilnahme für den durch den Verlust der Gattin niedergeschmetterten Fritz (Goethes Briefe an Fr. v. St. II. 431); er vergifst in seinen Briefen an Charlotte oder bei persönlichen Zusammentreffen mit ihr nie, sich nach dem „schlesischen Freund" zu erkundigen, ihn zu grüfsen, sich ihm empfehlen zu lassen, während er von derselben Teilnahme auf jenes Seite nicht immer überzeugt ist, vielmehr 1805 nach seiner Krankheit die Befürchtung äufsert, Fritzens Freundschaft sei ihm abgestorben, da er ihm in den letzten Jahren nur dann ein freundlich Wort gegönnt, wenn er eine Dienstleistung von ihm verlangt habe. — Dafs dem nicht so war, beweist das Wiedersehen im Jahre 1807, als Fritz mit seinen beiden Kindern zum Besuch der Mutter nach Weimar kam und den in Jena weilenden Dichter daselbst begrüfste. Nach diesem ersten Wiedersehen und kurz vor der Abreise nach Carlsbad, schrieb Goethe an Frau von Stein jenen denkwürdigen Brief vom 24. Mai, worin es mit Bezug auf Fritz heifst: „Die Gegenwart des lieben Breslauer Freundes hat uns allen sehr viel Freude gemacht, und der Wunsch, ihn länger hier zu behalten, ist allgemein geblieben. Er hat mich durch sein gutes, natürliches, festes, verständiges und heiteres Wesen sehr erquickt und mir aufs neue gezeigt, dafs die Welt nur ist, wie man sie nimmt; sie aber mit Heiterkeit, Mut und Hoffnung aufzunehmen, auch wenn sie sich widerlich zeigt, ist ein Vorrecht der Jugend, das wir ihr wohl gönnen müssen, weil wir es auch einmal genossen haben."

Soweit Goethe über Friedrich von Stein. Wie aber erscheint dieser im Urteil seiner Zeitgenossen?

Als der junge Mann seine Reise nach Schlesien, die ihn über Dresden führen sollte, vorbereitete, schrieb Schiller an Körner (5. Oktob. 1795): „Der junge Herr von Stein wird Dich nächstens in Dresden besuchen. Der Herzog schickt ihn auf etliche Jahre nach Breslau, um dort die Staatsökonomie zu studieren und sich zum weimarischen Kammerpräsidenten heranzubilden. Ihr werdet einen jungen Mann von Kenntnis und einen sehr trefflichen Menschen in ihm finden." Am 6. November antwortet Körner: „Stein war hier und hat uns recht angenehme Empfindungen gemacht. *In seinem Wesen ist ein gewisses Ebenmass, das dem Gefühl wohlthut.* Er ist natürlich, unbefangen, heiter, verständig, ohne auszeichnende Fähigkeiten zu verraten, empfänglich ohne Spuren des Enthusiasmus, aber doch mit Wärme. — — *Ich habe ihn als pädagogisches Kunstwerk aufmerksam betrachtet.*" — Dafs Goethe auf das Urteil der Freunde Gewicht legt, beweist der zweite Brief Schillers an Körner vom 16. Nov., worin es heifst: „Goethe interessiert auch, was Du von Stein und seiner Erziehung sagtest: *Goethe habe ihn eigentlich ganz erzogen und sich dabei vorgesetzt, ihn recht objektiv zu machen.* Auch mir ist Stein immer eine sehr *wohlthätige* Natur gewesen und er hat mich zuweilen ordentlich mit dem, was man Genialität nennt, entzweit, weil er ohne eine Spur davon so gut und so schätzbar ist." — Dieses Ebenmafs und das Wohlthuende seines Wesens, von Schiller und Körner übereinstimmend hervorgehoben, schätzte auch die Herzogin ganz besonders an Fritz, und um dieser Eigenschaften willen hatte sie ihn zum Begleiter des Erbprinzen bestimmt, nicht zur Freude Charlottens. Frau von Stein schien das durchaus kein angenehmer Posten, und so groſs ihre Anhänglichkeit an die Herzogin auch war und so sehr sie dieselbe wegen des schlechten Verhältnisses zwischen dem Erbprinzen und seinem Erzieher Riedel bedauerte, so schreibt sie doch am 10. April 1797 an ihren Sohn: „Wenn die Herrschaften nur nicht auf den Einfall kommen, Dich jetzt zu ihm zu thun. Ich weiſs zwar nicht, wie Du darüber denkst. Vielleicht wäre es am besten, man gäbe Dir den Erbprinzen jetzt mit nach Breslau. Unter fremden Leuten müſste er sich doch zusammennehmen. Schreib' mir, ob Du das möchtest, so schlag ich der Herzogin das Letztere vor." — Noch an demselben Tage beeilt sie sich, Fritz mitzuteilen, das Breslauer Projekt finde den Beifall des Herzogs, nur solle der Erbprinz von seinem bisherigen Lehrer begleitet werden. Sie fügt aber hinzu, bei der Veränderlichkeit des Herzogs könne die Sache leicht rückgängig werden, wie es denn auch geschah. —

Was die eigene Mutter von Fritz hält, liegt unserem Interesse nicht minder fern, wenn auch eine rein objektive Würdigung von dieser Seite kaum zu erwarten ist. — Fritz war Charlottens Lieblingssohn von Jugend auf gewesen. Seine beiden Brüder Carl und Ernst bereiteten ihr viel Sorge, jener durch mancherlei Unregelmäſsigkeiten in seiner Entwicklung, dieser durch Krankheit. „Ihr Briefchen hat mich sehr erfreut, obgleich mein Herz der Freude ganz entwöhnt ist", schreibt sie am 13. Mai 1786 an Lottchen Lengefeld. „Mein Sohn, der Jagdpage ist seit Weihnachten krank und ist auch wenig Hoffnung zur Besserung vorhanden. Der Tod wäre mir das Erträglichste für ihn, aber ich fürchte, er wird noch lange mit Schmerzen zu kämpfen haben. Und Krankheit und Mangel sind die zwei einzigen Übel, die meinem Herzen einschneiden, wo ich sie sehe; denn die übrigen Leiden hängen mehr oder weniger von unserer Vorstellung ab, gegen jene aber giebt es keine Waffen. — Fritz ist bis jetzt noch schön, gesund und gut, aber ich traue den Dingen dieser Welt nicht mehr." Dieselbe Freundin bittet sie im Juni folgenden Jahres um ein Vorwort bei der Herzogin von Mecklenburg, damit ihr Sohn Carl, der in dortige Dienste getreten war, eine Besoldung erhalte. Ihr Mann sei nicht vermögend genug zu einem starken Zuschufs, zwei Söhne seien so gut wie unversorgt, wenn den einen der Tod nicht versorge. Dies sollte aber bald der Fall sein. — Auf der Rückreise von Carlsbad, wohin der kranke Ernst transportiert worden war, starb er zu Wildenberg zwischen Schneeberg und Carlsbad in den Armen seiner Mutter, deren sich, verlassen wie sie in der Fremde war, ein böhmischer Edelmann annahm, um das traurige Geschäft der Bestattung zu besorgen. — Noch andere Sorge lastete auf der schwer geprüften Frau. Auch Herr von Stein kränkelte, und wir hören sie in einem Briefe an Fritz vom 29. Juni 1791, angesichts der Hoffnungslosigkeit des Arztes, den Gatten wieder herzustellen, in die Worte ausbrechen: „Erhalte nur Deine Gesundheit, dafs ich

Freude an Dir habe." — Carl besiegt zwar in der Folge die Schwierigkeiten seines Lebensganges, wird weimarischer Kammerherr und übernimmt die Verwaltung von Kochberg, in welcher Thätigkeit er seiner Mutter manche Freude macht; trotzdem bleibt Fritz ihr Liebling, ihr „brillanter Sohn." Die Übereinstimmung zwischen ihnen ist eine so vollkommene, dafs sie meint, ihre Seelen seien einmal eins gewesen, und wenn sie sterbe, werde die ihrige in die seinige übergehen. Seine Art, die Dinge zu sehen und zu fühlen stimme meistenteils mit der ihrigen überein; gar nicht so stimme sie mit seinem Bruder, gesteht sie Fritz. Er ist für sie die „einzige Poesie" ihres Lebens, der Inbegriff schöner Männlichkeit, der „gute, edle, einzige Mensch, den sie so gekannt hat", den sie so glücklich wünscht, als er es verdient (vgl. Brief vom 6. Sept. 1806). Doch leider gehöre diesen Naturen nichts von dem Glück der Erde, sie trügen den Himmel schon in sich und hätten dahin ihre Zuflucht, wenn ihnen manches hier versagt sei. Sie fürchtet, dafs diese „gute, edle Natur" zu Grunde gehen werde, seine Frau mache ihn nicht glücklich, und das ist es, was ihr am meisten Sorge macht. Aber auch jedes andere Unangenehme und Schmerzliche, das über ihn hereinbricht, den Verlust der ersten Gattin, die Trennung von der zweiten, die Einbufse fast des ganzen Vermögens in den drangvollen Jahren der Befreiungskriege empfindet die ganz in ihrem Sohn lebende Mutter aufs tiefste mit. Dafs sich all dies Unheil gerade auf ihn häufen mufs, der „zu gut für diese Welt" ist, der sie nie betrübte und den Segen beider Eltern hat, für den "alle Hände aufgehoben waren, sein Glück zu machen", für den sie langes Leben hofft, weil er von ihrer Milch getrunken, ist ihr gröfster Schmerz. — Wenn es etwas gab, das sie bei diesen Schicksalsschlägen aufrecht erhalten und trösten konnte, so war es die vortreffliche liebevolle Haltung, die Fritz der Mutter gegenüber stets bewahrte, und die allgemeine Achtung, deren er sich um seines Wesens und seiner hervorragenden Eigenschaften willen überall erfreute. Grofs war daher das Glück Charlottens, als sie 1803 bei ihrem Besuch in Schlesien Fritz, obwohl Patient — er war im Duell am Arme verwundet worden — ruhig, heiter und verständig fand, und noch wohler that es ihrem Herzen, als sie in einer Gesellschaft bei der Ministerin von Hoym von allen Geladenen, sowie vom Minister selbst, viel Gutes über Fritz hörte (vgl. Briefe an Lotte Schiller. Düntzer II, 168) und dies mit dem, was sie während ihrer Anwesenheit in Schlesien erlebte, durchaus übereinstimmte. Sie fand den Sohn von allen geliebt und geehrt, in allen Kreisen mit Achtung aufgenommen, an Verstand, Kenntnis und Einsicht gereift, sie sah ihn in selbstbewufster Gewandtheit eingreifen, ganz in Übereinstimmung mit dem Urteil ihrer Schwägerin, welche einmal feste, ruhige Erfüllung der Pflichten und Vorschriften der Ehre, klare Ansicht der Dinge, Mäfsigung und Milde als Fritzens Eigenschaften hervorgehoben hatte, und kehrte mit dem beruhigenden Gefühl und der Genugthuung, dafs Fritz "auf guten Wegen" sei, nach Weimar zurück.

Waren es die Wege, die Goethe seinem Zögling gezeigt und selbst geführt hatte?

Auch bei dieser Frage und der weiteren, welchen Einfluſs der Dichter auf den gesammten Lebensgang Friedrich von Steins, auf sein ganzes Wesen, seinen Charakter und seine Geistesbildung ausgeübt, haben wir in erster Linie zu berücksichtigen, was Charlotte darüber urteilt.

Es war natürlich und wurde oben bereits angedeutet, daſs ihr Bruch mit Goethe auch auf dessen Verhältnis zu ihrem Sohn zurückwirken muſste. Sie hatte einst von einem innigen Zusammenleben ihres Fritz mit Goethe geträumt und sich an den Gedanken gewöhnt, jenen in dem Freund einen Vater verehren zu sehen; sie hatte dann, als sie Goethe verloren, ihre Gedanken und Gefühle ganz auf Fritz vereinigt und gehofft, diesen wenigstens immer bei sich zu haben. Als auch dieser Traum zu Ende ging und Fritz nach Schlesien abreiste, bemächtigte sich der vereinsamten Frau eine trostlose Stimmung. Sie glaubt den Sohn von Goethe kalt verlassen und geht in ihrer leidenschaftlichen Ungerechtigkeit so weit, den 27. Juni 1792 an Fritz zu schreiben: „Du bist zwar früh von einem Freund hintergangen worden, es ist aber doch besser früh als spät, wo sich die Wunde wieder auswächst." — Dem stets dienstbereiten Goethe, der sich beim Herzog für Fritz mit Erfolg bemüht, weiſs sie nicht nur keinen Dank, sondern spricht vom Zurückgehen seines Einflusses; er könne nichts mehr für andere ausrichten, meint sie. Ihre Verbitterung ist so groſs, daſs sie auch die guten Absichten des Ministers von Hoym Fritz gegenüber mit Mifstrauen aufnimmt. In einem Brief vom 25. Okt. 1796 bittet sie den letzteren, sich nicht durch seine Liebe zum Minister bestimmen zu lassen, ohne Anstellung zu bleiben, denn diese könne ihm vielleicht ebenso verschoben werden, wie die zu seinem ehemaligen, geliebten, väterlichen Freund, wo Liebe, Freude an ihm, grofse Aussichten, Testament, alles zu nichte geworden. Das Schicksal des Menschen bleibe sich immer ein bifschen ähnlich.

In solchen Stimmungen hatte sie gänzlich vergessen, dafs es auch einmal eine Zeit gegeben — es war 1783 während Fritzens Abwesenheit in Ilmenau —, wo sie an ihn geschrieben: „Es freut mich sehr, dafs Du in der schönen weiten Welt meiner gedenkst und mir dieses, obzwar nicht mit sehr wohlgestalten, doch mit leidlichen Buchstaben zu erkennen giebst. Da Du so viel länger weg bist, als ich glaubte, fürchte ich, es wird mit Deiner Garderobe schlimm aussehen. Wenn Deine Kleider nichts taugen und Du vielleicht dazu, so sage nur dem Geheimderat Goethe, dafs er mein liebes Fritzchen ins Wasser werfe. Dein Briefchen habe ich bestellt, auch an alle Pagen Dein Kompliment gemacht. Die jungen Zwiebeln zu legen, will ich besorgen. Die jungen Kätzchen machen Dir eine Empfehlung und springen und balgen sich, wie ehemals die jungen Herren von Stein. Wurz ist aber so ernsthaft worden, wie Deine alte Mutter. Lebe wohl, *erkenne Dein Glück und bemühe Dich durch Deine Aufführung dem Geheimderat wohlgefällig zu werden.*" — Die leidenschaftliche Reizbarkeit sollte aber wieder einer besseren Einsicht Platz machen. Fritz war das Band geblieben, den Bruch zwischen Goethe und Charlotte nicht zur völligen Entfremdung werden zu lassen. In peinlichen Augenblicken gezwungener und verlegener Situation, wie sie bei zufälligem Zusammentreffen in der ersten Zeit öfters nicht zu vermeiden war, gab seine Person einen willkommenen Gegenstand der Unterhaltung und das andauernde Interesse, welches Goethe an seinen Studien und der weiteren Ausbildung in Jena, Hamburg und England, an der Einführung des jungen Beamten in den praktischen Verwaltungdienst in Breslau, an seiner Stellung zum herzoglichen Hause nahm und durch freundliche Teilnahme, Ratschläge und wirksames Eingreifen in die oft recht prekären Verhältnisse bethätigte, konnte nicht verfehlen, den Zugang zum Herzen der Mutter wieder zu öffnen. Sie muſs zugeben, daſs es Goethe, als er den Austritt ihres Fritz aus weimarischen Diensten befürwortete, gut mit ihm und ihr gemeint habe, und bittet den Sohn (vgl. Brief vom 14. Februar 1798), doch dann und wann an Goethe zu schreiben; habe sich dieser auch nicht immer treufreundschaftlich gezeigt, so solle er ihm doch für seine frühere Liebe dankbar bleiben; sie glaube, er liebe Fritz auch noch, nur sei er in seinem Wesen so befangen, daſs er's nicht herausgeben könne, wenn es nicht Leidenschaft werde.

Dieselbe Aufforderung, sich erkenntlich zu zeigen, enthält ein Brief vom 13. April 1801, in welchem sie schreibt, Goethe habe von dem Teil seines Lebens, worin er ihm Gutes bewiesen, eine Anforderung an Dankbarkeit. Zuweilen blitzt es wohl auch wieder auf wie in den Tagen des ungetrübten Glückes, so damals als Fritz seine Anstellung in Breslau erhalten, und Charlotte hofft, der alte Freund werde kommen und ihr seine Freude über sein „ehemaliges Kind" ausdrücken. Besonders bezeichnend aber für Goethes Verhältnis zu Fritz und für die Auffassung desselben durch Charlotte ist jener Traum, von dem sie am 24. Februar 1811 ihrem durch häusliches Leid sehr unglücklichen und niedergeschlagenen Sohn erzählt. Sie findet es sonderbar, dafs ihre Träume ihr das Mifsgeschick ihres Lieblingssohnes vorhersagten und fährt dann fort: „Den 12. träumte ich, in Deiner Stube zu sein. Goethe stand mit einem gerührten Blick in seiner sonstigen interessanten Gestalt, wie er Dich noch so zärtlich liebte, vor Deinem Bett, als wenn Du krank wärest, aber ich sah Dich nicht, sondern nur was in Deiner Stube war. Ein Klavier stand darin, worauf Noten lagen und ein Tisch, darauf lagen Kupferstiche" etc. etc.

Hatte einst Frau von Stein dem Dichter den höchsten Beweis ihres Vertrauens gegeben, als sie ihr neunjähriges geliebtes Kind ganz in seine Hände gab, so konnte sie ihm jetzt kein schöneres Zeugnis ausstellen, dafs er sich dieses Vertrauens auch völlig würdig erwiesen.

Hören wir aber vor allen Friedrich von Stein selbst, der über jene Zeit seines Lebens und besonders über sein Verhältnis zu Goethe folgende biographische Angaben hinterlassen: „Ich wurde 1773 den 27. Okt.

zu Weimar geboren. Als mein Vater morgens um
2 Uhr von einem Balle zurückkehrte, fand er mich,
wie meine Mutter sagt, nicht mit Thränen, sondern
lachend in die Welt getreten, so weit ein neugebornes
Kind dieses ausdrücken kann. Obgleich das sechste
Kind meiner Eltern, war ich doch das einzige, welches
meine Mutter selbst stillte. Eine vorzügliche Liebe
meiner Mutter war die Folge davon, und sie ist mir
immer, nachdem vier Schwestern, alle unter dem Alter
eines Jahres gestorben, vor meinen Brüdern geblieben.
Mein Vater, der eine der Hofstellen als Ober-Stall-
meister bei dem Hofe des Herzogs Carl August von
Sachsen-Weimar bekleidete, war teils durch seine
Dienstabhaltungen und Reisen, teils durch seine Neigungen für die Gesellschaft, nicht viel zu Hause und
also nicht von grofsem Einflufs auf seine Kinder. Er
besafs sehr strenge Rechtschaffenheit und fast ängst-
liche Frömmigkeit, er verstand vollkommen die Land-
wirtschaft und hatte eine Liebhaberei für alles Tech-
nische, hatte den Ton der feinen Welt bei angenehmem
Äufseren, wie ihn keiner seiner Söhne in gleichem
Maafse erreicht hat. Meine Mutter war eine geborene
von Schardt und stammte aus der schottischen Familie
von Irwing. Im ersten Jahre nach meiner Geburt
kam Goethe nach Weimar, dem ich einen grofsen Teil
dessen, was in meiner Jugend für mich geschehen,
verdanke, und den ich vorzüglich geliebt habe. Meine
zwei ältesten Brüder hatten einen Hofmeister, Namens
Kästner, dem auch ich in meinem fünften Jahre übergeben wurde, und wir brachten gewöhnlich mit unserer

Mutter den Sommer in Kochberg, und den Winter in
Weimar zu. Mein Vater kam auch, jedoch nur wochen-
weise auf das Land, und in der Stadt pflegte er
Mittags am Hofe des Herzogs und Abends gar nicht
zu speisen, so daſs er wenig zu sehen war. Meine
Mutter dagegen war fast immer zu Hause und ver-
sammelte heitere Gesellschaft um sich, wobei es für
uns drei Kinder auch nicht an Unterhaltung fehlte.
Ich hing mit groſser Liebe an meinem ältesten Bruder
Carl, der mich gewöhnlich gegen meinen etwas
störrischen zweiten Bruder Ernst, mit dem ich oft in
Händel kam, in Schutz nahm. Allein dieses Verhältnis dauerte nicht lange; die letzte Herzogin von Braunschweig, Schwester König Georgs III. von England,
faſste für meine Mutter, die sie in Pyrmont kennen
lernte, eine solche Zuneigung, daſs sie sich einen ihrer
Söhne ausbat, um ihn bei sich erziehen zu lassen; so
kam mein Bruder Carl auf das Carolinum nach Braunschweig. Mein zweiter Bruder Ernst wurde Page des
Herzogs, und unser gemeinschaftlicher Hofmeister
Kästner, Pagen-Hofmeister. Man gab mich ihm mit,
doch speiste ich täglich mit ihm, zuletzt allein bei
meiner Mutter. Es entstand hieraus eine etwas zerstreute Lebensweise, da ich mir so selbst überlassen
war, und ob ich mich gleich eines Teils hierdurch
selbst zu führen lernte, so litt doch die Präzision bei
meinen Studien gar sehr. Von den Edelknaben des
Herzogs, deren Gesellschaft mich sehr ergötzte, bei
denen aber das Lernen nur Nebensache war, lernte
ich mancherlei Unarten. Kästner wurde aber von mir

sehr gefürchtet, doch eigentlich nicht geliebt, wovon einige frühere harte Strafen und ein etwas launigtes Betragen die Ursache sein mochten. *Mit vollem Herzen dagegen hing ich an meiner Mutter und fast noch mehr an Goethe, der zu jener Zeit fast täglich meiner Eltern Haus besuchte, und mir mit Liebe, Ernst und Scherz, so wie es nötig war, begegnete, so dafs ich sein Betragen gegen Kinder als ein Muster dieser Art betrachtete.* Er nahm mich zu jener Zeit mit sich auf eine Reise nach Dessau und Leipzig, wo ich meine Begriffe sehr erweiterte. Ich war etwa 9 Jahr, als mich Goethe zu sich in sein Haus nahm, welches ich die glücklichste Periode meiner Jugend nennen darf. Die Liebe, mit der er meine mannigfachen kleinen Wünsche erfüllte, suchte ich durch Anstrengungen zu verdienen. Durch Diktieren suchte er meine unfertige Handschrift auszubilden, und dadurch, dafs er mir seine Wirtschaftsbücher und Rechnungen zu führen übergab, meine Fertigkeit im Rechnen zu üben. Ich machte mehrere kleine Reisen mit ihm, besonders nach Ilmenau und in die Grafschaft Henneberg, wo er die Direktion eines in der Folge mifsglückten Bergbaues führte, und mich hierüber gern und vollständig belehrte. Dieses Glück hatte nur zwei Jahre gedauert, als Goethe eine Reise nach Carlsbad und von da nach Italien unternahm, ohne es jemand anderem als dem Herzog anvertraut zu haben. Ich blieb noch, weil man stets seine Rückkehr erwartete, fast ein halbes Jahr in seinem Hause, zog jedoch zuletzt wieder zu meinen Eltern, weil es mir in dem Hause zu einsam war."

So weit die eigenhändigen Aufzeichnungen des Baron von Stein. — Konnten sie für Goethe beredter zeugen? Wir glauben nein. — Daſs der junge Mann als jenes „pädagogische Meisterwerk" dasteht, von dem Schiller spricht, ist unstreitig Goethes Verdienst, wenn auch des Knaben Naturanlage nicht aufser Betracht zu lassen ist.

Schon als Kind zeichnet sich Fritz durch eine gewisse Ebenmäſsigkeit aus, wie aus Äuſserungen seiner Mutter hervorgeht. „Noch etwas, das mir sehr lieb ist", schreibt sie am 2. Juni 1783 an ihre kleine Schwägerin: *„Goethe hat Fritz zu sich genommen und benimmt sich so verständig und gütig in seiner Erziehung, daſs man von ihm lernen kann. Er ist von den wenigen, die Rousseaus inneren Sinn der Erziehung zu fassen wissen, und weil Fritz von Natur ein hübsches Ebenmaſs an sich hat, macht's Goethe selbst Freude, sich mit ihm abzugeben."* Das mochte wohl auch der Grund gewesen sein, weshalb jener gerade Fritz und nicht Carl wählte, der seinerseits in einer späteren Mitteilung die Bevorzugung auf eine äuſsere Veranlassung zurückführt, die er folgendermaſsen angiebt: „Er (Goethe) stand im Eſssaal vor dem Kamin und hatte die Rockschöſse aufgenommen, um sich besser zu wärmen. Ich stand seitwärts hinter ihm, ergriff leise den Blasebalg, steckte ihn unvermerkt in die hinten gewöhnlich befindliche Öffnung unter der Hosenschnalle und begrüſste ihn mit einem unerwarteten Windstoſs. Seine Rede wurde dadurch unterbrochen. Dies machte ihn sehr böse, und er fuhr mich nicht nur gewaltig an, sondern drohte mir sogar mit Schlägen, wenn so etwas wieder geschähe. Als Junge von 11 Jahren fühlte ich mich zu einer Verteidigung zu schwach, fand mich aber durch die Drohung von Schlägen entsetzlich beleidigt, und sah es für eine nicht ordentlich ausgemachte Ehrensache an, indem ich glaubte, dafs alles Unrecht auf seiner Seite sei."

Es bedarf kaum der Bemerkung, dafs wir es hier eher mit einer Entschuldigung als mit einer Erklärung zu thun haben. Unmöglich konnte ein Mann wie Goethe, der Zeit seines Lebens die höchste Toleranz gegen Kinder und ihre Ausschreitungen an den Tag legte, der die Worte schrieb:

"Wo Anmafsung uns wohl gefällt?
Bei Kindern, denen gehört die Welt",

sich durch eine solche Episode auf die Dauer verstimmen lassen. Doch berührten wir hiermit etwas, das uns erst im Folgenden beschäftigen soll.

Zwei Momente waren es, die Goethe unbedingten Erfolg in seinem erzieherischen Wirken sichern mufsten, seine Persönlichkeit und die erprobten Grundsätze eines pädagogischen Genies, die er zu den seinigen machte und, was die Hauptsache ist, richtig anwandte. — Noch eins kommt hinzu: Rousseau hatte von dem Erzieher verlangt, dafs er jung sei, wenn möglich sogar noch ein Kind, um zugleich Spielgenosse zu sein. Goethe genügte auch dieser Anforderung völlig. — Jene Lust zum Fabulieren, jener Geist, wie ihn das Knabenmärchen atmet, das Bedürfnis, die Luftgestalten und Windbeuteleien zu kunstgemäfsen Darstellungen zu verarbeiten, jene Intuition zu seinem zukünftigen Dichterberuf, war die erste Brücke zu den Herzen der Kleinen. — „Die Kinder sie hören es gerne!" — Märchen zu erzählen, das hatte Wolfgang von seiner Mutter gelernt und als ein Erbe überkommen. Sie konnte nicht müde werden zu fabulieren, wie er nicht ermüdete zuzuhören, wobei er bald anfing, die abgebrochenen Erzählungen auf eigene Hand weiter zu führen und neue zu erfinden. „Luft, Feuer, Wasser und Erde", berichtet Frau Rat, „stellte ich ihm unter schönen Prinzessinnen vor und alles was in der Natur vorging, dem ergab sich eine Bedeutung, an die ich bald selbst fester glaubte als mein Zuhörer. — Da safs ich, und da verschlang er mich bald mit seinen grofsen schwarzen Augen, und wenn das Schicksal eines Lieblings nicht recht nach seinem Sinn ging, da sah ich, wie die Zornader in der Stirne schwoll und wie er Thränen verbifs. Manchmal griff er selbst ein." — Was er an der Mutter bewundert, übt er sehr bald selber, einem inneren Drang gehorchend und nur sich selbst gebend: „Durch solche Darstellungen, die mich gar nichts kosteten, machte ich mich bei den Kindern beliebt, erregte und ergötzte die Jugend und zog die Aufmerksamkeit älterer Personen auf mich. Nur mufste ich in der Sozietät, wie sie gewöhnlich ist, solche Übungen gar bald einstellen und ich habe nur zu sehr an Lebensgenufs und freier Geistesförderung dadurch verloren." Doch begleitete ihn diese Gabe, wie er an jener Stelle seiner Biographie hinzufügt (D. u. W. III 214) durch sein ganzes Leben. — Wir finden das begreiflich. Sich in die Empfindungs- und Anschauungsweise der Kinder zu versetzen, konnte dem nicht schwer werden, an dessen Wiege die holde Göttin Phantasie gestanden. Die ahnungs- und schauervollen Eindrücke der Finsternis, der Kirchhöfe, einsamer Örter, nächtlicher Kirchen und Kapellen waren ihm nicht weniger geläufig, als die Aufmerksamkeit der Kinder auf steckengebliebene Schlüssel und ihre Ehrfurcht vor verschlossenen Thüren, hinter denen etwaige Heiligtümer den neugierigen Blicken entzogen liegen. Er hatte selber erfahren, dafs die wollüstige Furcht der Kleinen bei dem Genufs verbotener Dinge einen grofsen Teil des kindischen Glücks ausmacht und fühlt als getreuer Eckart ihre Angst und Furcht vor Strafe da, wo gestrenge Eltern im Hintergrund drohen, aufs lebhafteste mit. Als es ihm später nicht mehr gelingt, die angenehmen Schauer der Jugend bei sich hervorzurufen, stimmt ihm das nicht eben glücklich. Das Märchen aber, das ihn über die trüben Tage des Alters hinweghelfen mufs, wie er 1824 bei Gelegenheit der Lektüre einer neuen Übersetzung von „Tausend und eine Nacht" gegen den Kanzler von Müller äufsert, hält er bis an sein Ende hoch. Wufste er doch, dafs auch das leerste Produkt aus jenem Zaubergarten für die Einbildungskraft einen hohen Reiz hat, dafs schon der geringste Gehalt vom Verstande dankbar aufgenommen wird, und nicht umsonst ergeht an ihn die Bitte der Kleinen: „O sing uns ein Märchen, o sing es uns oft!" — Goethe selbst ist der Wundermann, der „gutgelaunte Sänger" und „Kinderfänger", der auch die wildesten bezwingt, wenn er die goldenen Märchen singt:

> „Und wären Knaben noch so trutzig,
> Und wären Mädchen noch so stutzig,
> In meine Seiten greif ich ein,
> Sie müssen alle hinterdrein."

Er der Kinderfreund, der den Kleinen frohe Feste zu bereiten pflegte, eroberte mit seinen Fabeleien ihre Herzen im Sturm. Mit Spannung hängen die Kinder an den Lippen des jugendsprudelnden Dichters, als er sie in Nassau bei Frau von Stein um sich versammelt, um ihnen recht seltsame, aus lauter bekannten Gegenständen zusammengezogene Märchen zu erzählen und in derselben Erwartung brennt die Kinderschar des „Werther" darauf, den Genossen ihrer Spiele wiederzusehen. Als er sich endlich einstellt, in der Absicht Lottens Klavier zu stimmen, kann er nicht dazu kommen. Die Kleinen verfolgen ihn um ein Märchen, und da Lotte zuredet, ihnen den Willen zu thun, so schneidet er ihnen das Butterbrot und erzählt ihnen das Hauptstück von der Prinzessin, die von Händen bedient wird. Daſs er viel dabei lerne, versichert er seinem Freund Wilhelm. Er ist erstaunt, was es auf die Kinder für Eindrücke macht. Weil er manchmal einen Inzidenzpunkt erfinden muſs, den er zum zweiten Mal vergiſst, sagen sie gleich, das vorige Mal wäre es anders gewesen, so daſs er sich übt, sie unveränderlich in einem singenden Tonfall an einem Schnürchen zu rezitieren. Denn der erste Eindruck finde uns willig und der Mensch sei gemacht, daſs man ihn das Abenteuerlichste überreden könne; das hafte aber auch gleich so fest und wehe dem, der es wieder auskratzen und austilgen wolle. — Wir wissen, daſs er es in Weimar anfänglich ebenso trieb wie in Nassau und Wetzlar, daſs neben den Spielen mit den Kindern das Erzählen eine Hauptbeschäftigung war, wie sich auch der älteste Sohn Charlottens erinnert, von Goethe die Volksbücher vom gehörnten Siegfried, von den vier Haimonskindern, von der heiligen Genoveva und dem Kaiser Oktavianus erhalten zu haben.

Das Behagen an kindlichen und diesen verwandten, natürlichen, urwüchsigen Zuständen, für jene Wertherperiode schon gestreift, war ein weiterer Berührungspunkt Goethes mit den jungen Weltbürgern.

In den Familienräumen des deutschen Hauses mochte es toll genug hergehen.

> „Wenn dem Papa sein Pfeifchen schmeckt,
> Der Doktor Hofrat Grillen heckt
> Und sie Karlinchen für Liebe verkauft,
> Die Lotte herüber, hinüber lauft,
> Lenchen treuherzig und wohlgemut
> In die Welt hineinlugen thut,
> Mit dreckigen Händen und Honigschnitten,
> Mit Löcher im Kopf nach deutschen Sitten
> Die Buben jauchzen mit hellem Hauf
> Thür ein, Thür aus, Hof ab, Hof auf
> Und Ihr" etc. etc.

ein solches Genrebild aus der Kinderstube, wie es Goethe in einem Brief an Kestner entwirft (W. III 139) war ganz nach seinem Geschmack. Wenn seine Buben übereinander krabbeln wie junge Katzen, tollte er wacker mit, und gewifs konnten sie sich keinen besseren Spielkameraden wünschen als den „schönen neuen Onkel", der sich spielend, neckend und lärmend mit ihnen herumtummelte. — „Was man ein Kind ist!" ruft er einmal in einem Brief an Lotte aus; es war damals die stehende Redensart. Der Jugendübermut legt sich zwar allmählich, die Sinnesart aber bleibt dieselbe. Noch im Jahre der Reise nach Italien schreibt er aus München: „Herder hat wohl recht zu sagen, dafs ich ein grofses Kind bin und bleibe, und jetzt ist es mir so wohl, dafs ich ohngestraft meinem kindischen Wesen folgen kann." Des Freundes Bezeichnung pafste in mehr als einem Sinn vortrefflich auf Goethe.

War er nicht ganz ein Kind in der Freude und Lust an der sinnlichen Anschauung und zwar Zeit seines Lebens? — Der Knabe Wolfgang findet an den Seifenblasen ein buntes Spielwerk, es blendet ihn die glänzende Farbenerscheinung, wenn er durch ein geschliffenes Glas die Welt ansieht; bei Goethe dem Greis, dem guten Grofsvater, wie ihn Marianne von Willemer nennt, erregen Äpfelchen, ein Geschenk Mariannens für seine Enkel, den Wunsch Kind zu sein. Der junge Goethe hatte einst (vgl. Brief an Kestner vom 16. Dez. 1772 den) Heiligen gedankt, dafs sie uns Kinderfreude zum Christ bescheren. „Als ich über den Mark ging", fährt er dort fort, „und die vielen Lichter und Spielsachen sah, dacht' ich an Euch und meine Bubens, wie Ihr ihnen kommen würdet, dieser Augenblick ein himmlischer Bote mit dem blauen Evangelio, und wie aufgerollt sie das Buch erbauen würde. Hätte ich bei Euch sein können, ich hätte wollen so ein Fest Wachsstöcke illuminieren, dafs es in den kleinen Köpfen ein Widerschein der Herrlichkeit des Himmels erglänzt hätte." Der Bejahrte konnte von sich sagen:

„Das Alter macht nicht kindisch, wie man spricht,
Es findet uns nur noch als wahre Kinder."

Hätte sich der Dichter diese Eigenschaften nicht bewahrt, wäre es ihm sicherlich nicht gelungen, den 1. Bd. von „Dichtung u. Wahrheit", „kindlich genug" abzufassen, so dafs ihn Pariser Journalisten „kindisch" nannten, hätte er nicht so ganz mit der Empfindung längst verschwundener Zeiten von den Torten, Biskuitkuchen, Marzipanen und dem süfsen Wein —, Dingen, die bei der Neujahrsfeier im Hause des Grofsvaters den gröfsten Reiz ausübten —, schreiben und nicht so anschaulich den Schmerz schildern können, der die Kinder ergreift, als die Mutter das Gefrorene von der Tafel des Königslieutenant weggiefst, weil sie es für unmöglich hielt, dafs der Magen „ein wahrhaftes Eis, wenn es auch durchzuckert sei", vertragen könne.

„Über alles, was begegnet,
Froh, mit reinem Jugendsinn,
Sei belehrt, es sei gesegnet!
Und das bleibe Dir Gewinn!"

Als ihm die Mutter am 21. August 1807 die Hochzeitsfeier von Bettinas Puppe mit dem Ratsherrn — es war ein kleiner Frankfurter Ratsherr in Allongeperücke, Schnabelschuhen und Halsschmuck von feinen Perlen, in kleinem Plüschsessel — anzeigt, erinnert er sich dieser Augenweide seiner Kinderjahre, die nur mit geheiligten Händen angegriffen werden durfte, noch gar wohl. Und dieser Geist weht uns überall entgegen. —

Es steckt etwas von der Natur der Griechen, dem Volk des ewigen Kindersinns, in Goethe. Bei jener sinnlichen Reizbarkeit, der Hingabe an den jedesmaligen Gegenstand, welcher seine Aufmerksamkeit anzog, bei der arglosen Freude an Welt und Natur, die ihm die Worte eingiebt: „Wir waren in seinem (Fritzens) Gärtchen und seine Bohnen interessieren mich mehr als meine Bäume. Ich danke Gott, der mir den Sinn gegeben hat, ihm seine Aqueducs nicht zu verderben, sondern sie zu ehren" —, müssen wir uns da nicht des Ausspruchs des ägyptischen Priesters bei Plato (Tim. p. 22) erinnern: „Ihr Griechen seid Kinder immerdar und ein Grieche wird nie ein Greis; ihr habt Kindersinn allesamt, denn ihr besitzt keine der Vorzeit abgelauschte Kunde und keine altersgraue Lehre." Und atmen nicht die kleinen lyrischen Gedichte (Planetentanz, Die Weihnachtskinder), mit denen Goethe den jungen Nachwuchs feiert, denselben kindlich naiven Geist? Konnte er ferner den Kinderton besser treffen als in jenem reizend graziösen „Wiegenlied", wenn er den jungen Mineralogen Walter von Goethe so apostrophiert:

„Spielst Du mit Schussern, das Kügelchen rollt,
Dreht sich zur Grube, so wie Du gewollt,
Läufest begierig auch hinter ihm drein,
Das ist fürwahr wohl ein lustiger Stein!"

Wie Goethes Denken und Thun auf die Gegenwart gerichtet ist, ganz im Sinn der Alten, so besitzt er auch ihre gesunde, dem Übel widerstrebende Faser, die sich bei jedem krankhaften Anfall eilig wiederherstellt, verbunden mit einer Frische und Lebendigkeit des Empfindens, die uns stets die höchste Bewunderung abnötigt.

Das Geheimnis dieser ewigen Jugendlichkeit besteht wiederum in nichts anderem als in seinem fortwährenden Verkehr mit dem heranwachsenden Geschlecht, den uns Eckermann und der Kanzler von Müller für die letzten 10 Jahre seines Lebens so anschaulich schildern, dafs wir alles mit zu erleben glauben.

„Nun die Wälder ewig sprossen,
So ermutigt Euch mit diesen!
Was Ihr sonst für Euch genossen,
Läfst in Andern sich geniefsen."

Nach des Dichters Ansicht kann das Alter überhaupt kein höheres Glück empfinden, als dafs es sich in die Jugend hineingewachsen fühlt und mit ihr fortschreitet. Beide gehören ihm zusammen:

„Zeige man doch dem Jüngling des edel reifenden Alters
Wert und dem Alter die Jugend, dafs beide des ewigen
Kreises
Sich erfreuen, und so sich Leben in Leben vollende! —

Es war also nur folgerichtig, wenn wir ihn unausgesetzt bemüht sehen, sich in Berührung mit der Jugend zu halten, und das konnte dem nicht schwer werden, der schon durch die Erinnerung an die eigene, frische, frohe Jugendzeit jugendlich gestimmt wird:

„Und da duftet's wie vor Alters,
Da wir noch von Liebe litten
Und die Saiten meines Psalters
Mit dem Morgenstrahl sich stritten,
Wo das Jagdlied aus den Büschen
Fülle runden Tons enthauchte,
Anzufeuern, zu erfrischen,
Wie's der Busen wollt' und brauchte."

Wie anders erst, wenn ihm Gelegenheit geboten wird, in einer frischen, jugendlichen Seele wieder aufzuleben, sich an ihr in die Höhe zu reifsen!

In seiner „Natürlichen Tochter" führt uns der Dichter einen fürstlichen Vater vor, der es sich als die höchste Wonne denkt, einer heranwachsenden, einsam erzogenen Tochter die Schönheiten der Natur zu erschliefsen, ihr des Reichs bebaute Flächen, der Wälder Tiefen, des Gewässers Flut zu zeigen und sich ihres trunkenen Blicks ins Unbegrenzte mit unbegrenzter Liebe zu erfreuen, sowie sich etwa Goethe der erheiternden Gesellschaft seines kleinen fünfjährigen Sohnes erfreuen mochte, als ihn dieser auf jener Reise des Jahres 1795 nach Ilmenau begleitete. Der Kleine, so erzählt er in den Tag- u. Jahresheften (W. XXVII. s. 27), habe diese Gegend, an der er sich nun seit 20 Jahren müde gesehen und gedacht, mit frischem kindlichen Sinn wieder erfafst, alle Gegenstände, Verhältnisse, Thätigkeiten mit neuer Lebenslust ergriffen und viel entschiedener als mit Worten hätte geschehen können, durch die That ausgesprochen, dafs dem Abgestorbenen immer etwas Belebtes folge und der Anteil der Menschen an dieser Erde niemals erlöschen könne. — Es war also tief empfunden und recht eigentlich selbst erlebt, wenn er seinem Herzog am angeführten Ort die Worte in den Mund legt:

> „Nur durch der Jugend frisches Auge mag
> Das längst Bekannte, neu belebt, uns rühren,
> Wenn das Erstaunen, das wir längst verschmäht,
> Von Kindes Munde hold uns widerklingt."

Dafs umgekehrt die Jugend, von verwandten Eigenschaften Goethes angezogen und in seinem Bannkreis festgehalten, auch die Wirkungen dieser ewigen Jugendlichkeit an sich erfahren mufste, erklärt er uns selbst, indem er bei Betrachtung seiner Neigung zum Märchenerzählen an jener Stelle seiner Biographie die Meinung ausspricht, der Mensch sei eigentlich berufen, in der Gegenwart zu wirken. Schreiben sei ein Mifsbrauch der Zeit, stille für sich lesen, ein trauriges Surrogat der Rede. Der Mensch wirke alles, was er vermöge, auf den Menschen durch seine Persönlichkeit, die Jugend am stärksten durch die Jugend und hier entsprängen auch die reinsten Wirkungen. Diese seien es, welche die Welt belebten und weder moralisch noch physisch aussterben liefsen.

Die Besonderheit körperlicher Eigenschaften kommt hinzu.

Wenn irgendwo in der Pädagogik der Wert des Persönlichen, soweit dasselbe auf der Körperlichkeit mit beruht, in Betracht zu ziehen ist, so mufste es bei jenem „aufserordentlichen Geschöpf Gottes" nach

Jacobis Ausdruck, bei Goethe der Fall sein, vor dessen allgewaltiger Individualität diejenige gereifter Männer erlosch,[1] der mit seiner lebendigen Gegenwart sogar einen Schiller völlig in die Gewalt bekam.

Goethe ist am meisten als Greisengestalt bekannt. Es erging ihm hier wie anderen grofsen Männern: die bildende Kunst fafste ihn erst dann ins Auge, als sein Ruhm den Höhepunkt bereits erreicht hatte, und die Natur sich schon wieder auf dem Rückzug befand, so dafs er scherzend darüber sagen konnte:

> „Sibyllinisch mit meinem Gesicht
> Soll ich im Alter prahlen;
> Je mehr es ihm an Fülle gebricht,
> Desto öfter wollen sie's malen."

Aber gerade in der Jugend war der Dichter nach dem Urteil der Zeitgenossen die schönste und freiste Menschenerscheinung, die man sich denken konnte. — Um von Einzelheiten, den grofsen, hellen Augen, der prachtvollen Stirn, dem schönen Wuchse, die Jung Stilling hervorhebt, ganz abzusehen, wie mufste der „schöne Junge, Genie und Stärke vom Wirbel bis zur Zehe", wie ihn Heinze nennt, den Wieland als das gröfste, beste und herrlichste Wesen, das Gott geschaffen, als einen Hexenmeister mit zaubernden Augen, voll Götterblicke, herrlich und hehr wie einen Geisterkönig schildert —, wie mufste diese höchste Vereinigung physischer und gei-

---

[1] Vergl. Schillers Bemerkung über Goethes Verhältnis zu K. Th. Moritz, dem Verfasser des „Anton Reiser": „Goethe hat ihm seinen Stempel mächtig aufgedrückt. Moritz ist über seine Humanität panegyrisch entzückt"

stiger Schönheit und Vollkommenheit auf die Aufsenwelt wirken! — Wir wissen aus den Mitteilungen des Kanzlers von Müller (Goethe in seiner praktischen Wirksamkeit s. 19), dafs der Dichter den Zauber seiner imposanten Persönlichkeit namentlich unter seinen dramatischen Jüngern übte und geltend machte, wenn er streng und ernst in seinen Forderungen, rasch und freudig das Gelingen anerkennend, das Kleinste wie das Gröfste beobachtend schon mit seinem ermunternden Blick, seinem wohlwollenden Wort oft Unglaubliches leistete und, ohne pädagogisch oder pedantisch zu verfahren, seinen Umgebungen und Gehilfen „einen eigentümlichen Stempel" aufdrückte. Jungen, unerfahrenen, leicht lenkbaren und bildsamen Gemütern gegenüber mufste sich diese Wirkung wahrhaft elementar gestalten, ohne dafs wir im Stande wären, ihr Wesen völlig zu erforschen.

Es wird bei einem Versuch, wie wir ihn im Voraufgehenden unternommen, dasjenige zu bezeichnen, worauf der Einflufs einer starken Individualität auf andere beruht, überall ein Geheimnis übrig bleiben, das dem Seelenleben angehörig in seinen letzten Gründen unerforschlich ist, sowie es ein vergebliches Bemühen sein würde, das Wesen körperlicher Schönheit mit Worten erschöpfen zu wollen. Der geistige Odem, der aus jenen beiden Quellen zum Wesen eines Menschen zusammenfliefsend der Persönlichkeit wieder entströmt, entzieht sich der Darstellung. Es bleibt also nur übrig, sich auf die Hervorhebung einzelner Charaktereigentümlichkeiten zu beschränken, und hier tritt uns bei Goethe vor allem der Zug der Lehrhaftigkeit entgegen, jenes Erbteil des Herrn Rat, der sogar die Gattin unterrichtete.

„Mir war von meinem Vater eine gewisse lehrhafte Redseligkeit angeerbt", lesen wir in Dichtung u. Wahrheit und eben dort ist die Notiz niedergelegt, daſs er sich nach dem ersten akademischen Unterricht für einen Professor hielt und der Schwester gegenüber didaktisch wurde. Bis zu welchem Grade, beweisen die an Cornelie gerichteten Briefe (vgl. Goethejahrbuch VII). Nicht genug, daſs sich Goethe dort als den Lehrer und Berater der nur ein Jahr jüngeren Schwester aufspielt, führt er diese Rolle auch mit einer feierlichen Würde durch, die sich so komisch ausnimmt, daſs er sich bei einer späteren Durchsicht dieser Briefe höchlichst ergötzt, indem er bemerkt: „Mir war es lustig genug zu sehen, wie ich dasjenige, was Gellert uns im Kollegium überliefert oder geraten, sogleich wieder gegen meine Schwester gewendet, ohne einzusehen, daſs sowohl im Leben als im Lesen etwas dem Jüngling gemäſs sein könne, ohne sich für ein Frauenzimmer zu schicken, und wir scherzten gemeinsam über diese Nachäfferei." — In der That macht es manchmal den Eindruck, als ob sich der junge Student zu einem Mädchenschullehrer hätte ausbilden wollen. Er beginnt damit, an den Briefen Corneliens Kritik zu üben. Um Raum für diese und die Antwort zu bekommen, verlangt er von ihr, daſs sie die Briefe auf ein gebrochenes Blatt schreibe, und stellt als Hauptregel für das Briefschreiben den Satz auf:

„Schreibe nur wie Du redest, so schreibst Du schön." Die Korrektur, die er auf dem leer gelassenen Papier vornimmt, geht bis ins Einzelne. Bald ist es die unlogische Verbindung der Sätze, bald die unpassende Wahl des Ausdrucks, die er zu rügen hat. Er verweist ihr die Anklänge an den Kurialstiel, ebenso wie den Gebrauch poetischer Wendungen, die Einmischung von Fremdwörtern und nichtdeutschen Phrasen, ohne selber auf die Vermeidung derselben bedacht zu sein. — Die Lektüre der Schwester bildet einen weiteren Gegenstand seiner Fürsorge. Damit sie möglichst gut, nicht blofs nach dem Gesichtspunkt des Vergnügens gewählt werde, sondern zur Besserung des Verstandes und Willens diene, macht er selber Vorschläge und weist auf Addisons „Zuschauer" mit den Worten hin: „Dieses Buch liefs mit Aufmerksamkeit, Du wirst viel Gutes darin finden. Allein ich mufs Dich auch lesen lernen. Nicht wahr, das kommt Dir wunderlich für — bedächtig." Diese strengen Verhaltungsmafsregeln schliefst er mit der Anführung einer Reihe von Werken, welche die Schwester vornehmen soll. Besonders empfiehlt er den „Pastor fido", Tassos „Befreites Jerusalem" und rät überhaupt, italienische Lektüre zu pflegen, sich aber von dem Decamerone des Bocaccio, der zwischen ihnen zur Sprache gekommen sein mochte, fern zu halten etc. — Der Erfolg der Bemühungen um die Bildung der Schwester scheint allerdings Goethes Erwartungen nicht entsprochen zu haben. Er findet (vgl. Brief von 12. bis 14. Oktbr. 1767), dafs ihr Geschmack durch das Lesen verschiedenartiger Bücher verdorben sei, dafs er „wie der der meisten Frauenzimmer bizarrirt wie ein Harlekinskleid" sei, und bittet sie deshalb, bis zu seiner Rückkehr so wenig wie möglich zu lesen, viel zu schreiben, aber nichts als Briefe, die Sprachen immerfort zu treiben und die Haushaltung wie nicht weniger die Kochkunst zu studieren und sich zum Zeitvertreib auf dem Klavier wohl zu üben; denn dieses seien Dinge, die ein Mädchen, das seine Schülerin werden wolle, notwendig besitzen müsse, die Sprachen ausgenommen, die ihr besonderer Vorzug seien. Ferner verlangt er, dafs sie sich im Tanzen perfektioniere, die gewöhnlichsten Kartenspiele lerne und den Putz mit Geschmack verstehe. „Diese letztern Erfordernisse", fährt er altklug fort, „werden dir von einem so strengen Moralisten wie ich bin äuſerst seltsam vorkommen, zumal da mir alle dreye fehlen; allein sey ohne Sorgen, und lerne sie nur, den Gebrauch und den Nutzen davon sollst du schon erfahren; doch dieses muſs ich dir nur gleich sagen, ich verlange nicht nur dafs du |:besonders die beyden ersten:| im geringsten nicht lieben, sondern vielmehr fliehen sollst, demohngeachtet aber mufst du sie wohl wissen. Wirst du nun dieses alles, nach meiner Vorschrift getahn haben, wenn ich nach Hause komme; so garantire ich meinen Kopf, du sollst in einem kleinen Jahre, das vernünftigste, artigste, angenehmste, liebenswürdigste Mädgen, nicht nur in Franckfurt, sondern im ganzen Reiche seyn. Denn unter uns, draufsen bei euch residirt die Dummheit ganz feste noch. Ist das nicht ein herrliches Versprechen! Ja, Schwester, und ein

Versprechen das ich halten kann und will. Und sage, wenn ich bey meinem hiesigen Aufenthalt, auch nichts gelernt hätte, als so ein grofes Werck auszuführen, würde ich nicht ein grofer Man seyn. Mittlerweile hofmeistre ich hier an meinen Mädchen, und mache allerhand Versuche, manchmal geräths manchmal nicht."

Er spricht es also selber aus, dafs er auch an den Mädchen seines Leipziger Umgangs gelegentlich schulmeisterte. Eine Zeit lang gab er sich sogar dem Glauben hin, mit diesem Bestreben Glück zu haben, indem er namentlich Kätchen Schönkopf rühmt, die „ein gutes und durch keine allzugrofse Lektüre verwirrtes Herz" habe und sich ziehen lasse, so dafs er hofft, Ehre mit ihr einzulegen, um so mehr, als sie schon „ganz erträgliche, auch manchmal artige" Briefe habe schreiben gelernt. Nur mit der Orthographie wolle es nicht fort. Überhaupt müsse man die beim sächsischen Frauenzimmer nicht suchen; da sei seine Schwester zu loben.

Hatte er nicht in Frankfurt schon einmal bessere Erfahrungen gemacht? War nicht schon sein erstes Liebesverhältnis mit dem Mädchen seiner Vaterstadt pädagogisch-lehrhafter Natur gewesen? — Als er in jenem heimlichen Winkel des Gasthofs zur Rose den Freunden und Gretchen die Krönungsfeierlichkeiten mit Demonstrationen auf der Schiefertafel klar gemacht hatte, schieden sie, wie er an jener Stelle seiner Biographie hinzufügt (vgl. Dicht. u. Wahrh. II 174) „mit sonderlichem Behagen." Denn einem jungen Paare, das von der Natur einigermafsen harmonisch gebildet sei, könne nichts zu einer schöneren Vereinigung gereichen, als wenn das Mädchen lehrbegierig und der Mann lehrhaft sei.[1] Daraus entstehe ein so gründliches als angenehmes Verhältnis. Sie erblicke in ihm den Schöpfer geistigen Daseins und er in ihr ein Geschöpf, das nicht der Natur, dem Zufall oder einem einseitigen Wollen, sondern einem beiderseitigen Willen seine Vollendung verdanke. — So verarbeitet er alles, was ihm unter die Kanzleifeder kommt, zu diesem „einzigen Gebrauch" und während er sich bei Käthchen Schönkopf in seinen Hoffnungen getäuscht sieht, da der Erfolg seiner Bemühungen um sie nur ein geringer blieb, muſs er noch nach langen Jahren jenem Gretchen das Zeugnis ausstellen, daſs sie anerkannt habe, welche Belehrung sie ihrem jugendlichen Freund verdankt.

Dieser Drang steter Lehrhaftigkeit begleitet Goethe in allen Lebenslagen, auf jeder Altersstufe, in jeder Stellung, so daſs er sogar an sich halten muſs, um nicht ein „pedantisch-rodomontisches Ansehen" zu bekommen.[2] Sich davon zu befreien, boten ihm seine Werke willkommene Gelegenheit.

---

[1] Umgekehrt lasse sich der Mann von der Geliebten ebenso gern belehren, aber es müsse unbewuſst geschehen. nicht in der Weise, wie es Freunde zuweilen thäten. „Ein Freund, der es zu deutlich merken läſst, daſs er an Euch zu bilden gedenkt, erregt kein Behagen, indessen eine Frau, die Euch bildet, indem sie Euch zu verwöhnen scheint, wie ein himmlisches, freudebringendes Wesen angebetet wird." Dicht. u. Wahrh. II. s. 11.

[2] Vgl. den unten mitgeteilten Brief an die Schauspielerin Unzelmann (Bethmann).

Wir haben im ersten Teil dieser Untersuchungen ausführlich dargethan, dafs die pädagogischen Bemühungen Wilhelm Meisters um Felix und Mignon nur poetische Niederschläge der eigenen Neigungen des Dichters sind. Wie der Ursprung des Emil zur Person des Verfassers im engsten Zusammenhang steht, der Zögling im Grund nur der Doppelgänger seines Erziehers ist, so steht der harfespielende Knabe von Mainz im Hintergrund, wenn wir Wilhelm Meister die verlassene Mignon annehmen sehen, um die Freude am Leben in dem armen Kinde wieder zu erwecken. Ebensowenig ist es zufällig, dafs der Held der „Lehrjahre" an Marianne die Aufforderung richtet, ihm zu sagen, unter welchen Umständen sie erzogen, welches die Eindrücke seien, deren sie sich erinnere, Fragen, die wenn sie auch aus dem Bestreben hervorgehen, den Gegenstand der Leidenschaft zu veredeln, die Geliebte zu sich emporzuheben, doch nicht bei allen Liebespaaren vorkommen, und bei Goethe demselben Geist entspringen, der alle seine Freundschaften zu pädagogischen auf gegenseitiger Vervollkommnung beruhenden Bündnissen stempelt, so wie etwa das Verhältnis zwischen Werner und Wilhelm in den „Lehrjahren" einen pädagogischen Charakter an sich trägt. Jener thut sich etwas darauf zu gute, dafs er den trefflichen obgleich gelegentlich ausschweifenden Geist des Dichters mitunter Zügel und Gebifs anlegen kann, während Wilhelm oft einen herrlichen Triumph feiert, wenn er den bedächtigen, kaufmännisch angelegten Freund, dem das

Bilancieren und Addieren alltägliches Bedürfnis ist, in einer warmen Aufwallung mit sich fortnimmt.

Angeboren war Goethe ferner der pädagogische Geist, der Erziehungstakt. Er hat es nicht im Seminar gelernt, wie er Fritz von Stein zu behandeln habe. Hier kam ihm sein unbewufstes pädagogisches Betragen und die Fähigkeit zu statten, sich in alle Gemütszustände des Menschen zu versetzen, jeden über sich aufzuklären, in allen guten und löblichen Vorsätzen zu bestärken und nach gewissen Kernsätzen zu verfahren, deren Wert er an sich selbst erprobt hatte. Es sei hier nur an das Wort erinnert, welches er seinem Verkehr mit Öser verdankt: „Lehre thut viel, Aufmunterung thut alles."[1]

Er besafs aber auch alle wesentlichen Eigenschaften des Lehrers.

Mufs es dieser verstehen Vorstellungen zu erwecken, und kann es derjenige am besten, welcher sie nicht aus Büchern schöpft, sondern von den Dingen selbst abzieht, so besafs Goethe neben dem lebhaften Trieb, die äufsere Welt mit Lust zu ergreifen, sie kennen zu lernen, sich mit ihr in ein Verhältnis zu

---

1) „Lehre thut viel, aber Aufmunterung thut alles. Wer unter allen meinen Lehrern", schreibt er am 9. Nov. 1768 aus Frankfurt an Öser, „hat mich jemals würdig erachtet, mich aufzumuntern, als Sie! Entweder ganz getadelt oder ganz gelobt, und nichts kann Fähigkeiten so sehr niederreifsen. Aufmunterung nach dem Tadel ist Sonne nach dem Regen, fruchtbares Gedeihen. Ja, Herr Professor, wenn Sie meiner Liebe zu den Mufen nicht aufgeholfen hätten, ich wäre verzweifelt."

setzen, mit ihr verbunden ein Ganzes zu bilden, noch die köstliche Mitgift, alles um sich her mit bewunderungswürdiger Klarheit aufzufassen. Seine Übung, alle Dinge wie sie sind zu sehen und abzulesen, seine Treue, das Auge licht sein zu lassen, sowie die völlige Entäufserung von aller Prätension unterstützen ihn nicht blofs in Italien, wo ihn alle Tage ein neuer Gegenstand, grofse seltsame Bilder nnd ein Ganzes erwarten, das er sich lange gedacht und geträumt, nie mit der Einbildungskraft erreicht, nun aber alles wirklich vor sich sieht. Wiederholt spricht er von dem ihm innewohnenden Schauensdrang, der ihn fortgesetzt begleitete.

Sein Vertrauen in die Auffassung, in das blofse Schauen ist ein unbedingtes, das Auge das hervorragendste Organ an ihm. Es offenbart ihm die Welt in ihrer Wesenheit und Herrlichkeit wie selten einem anderen, so dafs er an Schiller schreiben konnte: „Wenn ich recht Acht gebe, so brauche ich die Hilfsmittel anderer Sinne nur sparsam, und alles Räsonnement verwandelt sich in eine Art von Darstellung."

Freilich war der Weg, seine Begriffe vor allem durch Sehen und Betrachten zu erwerben, oft recht mühsam für ihn. Dafür kann er ihnen aber auch nachrühmen, dafs sie sich als „auffallender und fruchtbarer" darstellten, als wenn sie ihm überliefert worden wären. (Vgl. D. u. W. III. 51).

Goethe entwirft uns in seiner Biographie das Bild seiner Jugendentwicklung aus einer Reihe sehr heterogener Momente. Zu der eigenen Erinnerung und den Tagebüchern kommen die Aufzeichnungen und Mitteilungen Befreundeter, das Zurückgehen auf die Geschichte der Zeit, des sittlichen, litterarischen und staatlichen Lebens, eine langjährige, treue Selbstbeobachtung, der Anteil des Forschers an einem Gebilde der Natur, und nicht zuletzt eine tiefe, reiches Nachdenken verratende Einsicht in das Wesen aller Erziehung, die in gelegentlich eingestreuten Bemerkungen niedergelegt ist.

Wenn wir auch sagen können, daſs seine pädagogischen Ansichten auf Anschauungen, die er im Laufe seines Lebens gewonnen hatte, nicht auf groſsartigen geschichtsphilosophischen Ideen beruhen, so war doch der, den man den Feind aller Spekulation genannt, Philosoph genug, um von dem Bezug des Menschen zu sich selbst und den äuſseren Dingen „so reich, reif und mild" zu sprechen, wie es Fräulein von Knebel, der wir das Zeugnis verdanken, noch nie so gehört. Auch Charlotte von Stein, die ungerechte muſste dies zugestehen, wenn sie am 11. Mai 1805 an Fritz schreibt: „Er (Goethe) sprach heute" — es war nach Schillers Tod — „so schön und originell über den physischen und geistigen Menschen, daſs ich's hätte mögen gleich aufgeschrieben haben."

Da es nun Goethe bei allem, was er trieb und unternahm, und das war bekanntlich nicht wenig, darauf ankam, nicht bloſs zu erkennen, sondern auch in dem Erkannten und für dasselbe praktisch zu wirken, eine Eigenschaft, die er auch in den verschiedensten Künsten und Wissenszweigen, den hohen sowohl als den niederen bethätigt — man denke an das Zeichnen nach der Natur, an das Ätzen als Kupferstecher —, so versucht er sich schliefslich auch auf dem Gebiet der praktischen Pädagogik. Das war für die damalige Zeit nichts Ungewöhnliches (vgl. Pädagogik s. 61 ff.). Die Erziehungsgedanken lagen in der Luft, Rousseaus Emil auf allen Tischen. Was Wunder also, wenn es Goethe unternahm, nach dem neuen Evangelium einen Menschen zu bilden, was Wunder ferner, wenn er ganz in den Bahnen des Weisen von Genf wandelte, und sein Verfahren von dem der eigenen Jugenderziehung grundverschieden war? — Goethe hatte sich keinen Erziehungs- und Unterrichtskalender angelegt wie sein Vater. In seiner Pädagogik war weder dem verständigen Räsonnement noch der Moralpredigt[1] eine Stellung eingeräumt. Wir hören nichts von didaktisch-pädagogischen Bedrängnissen, denen Friedrich von Stein unter seiner Führung ausgesetzt gewesen wäre; es gab für diesen keine doppelten Lektionen nach Krankheiten, kein Allerlei des Lebens und Lernens. Ebensowenig besafs Goethe die Hartnäckigkeit des Vaters im Vollbringen, die zu Ende führte, wenn auch das Unbequeme, Langweilige, Verdriefsliche, ja Unnütze des Begonnenen sich zeigte. Der alte Rat trieb seine Konsequenz im Vorlesen z. B. bis znr Verzweiflung seiner Angehörigen und eigener Erschlaffung; wir sehen ihn schliefslich von einem gäh-

---

1) „Aber täglich mit Schelten und Tadeln hemmst Du
dem Armen
Allen Mut in der Brust." (W. II. 78).

nenden, mifsmutigen Zuhörerkreis umgeben, der nur durch die Bande der Autorität zusammengehalten wird. — Ganz andere Bilder zeigt das idyllische Zusammenleben des Dichters mit einem frischen, fröhlichen Knaben im Gartenhaus am Stern und in seiner späteren Wohnung. Fritz hatte auch nicht unter der unerquicklichen Dogmatik des protestantischen Kirchenlieds zu leiden, wird nicht gezwungen, allsonntäglich in der Kirche zu sitzen und die Predigt nachzuschreiben. Einen gröfseren Gegensatz zwischen Goethe dem Sohn und Goethe dem Vater in ihrer erzieherischen Thätigkeit konnte es kaum geben. — Ernste Strenge hier, unumschränkte Freiheit dort. Es ist aber ebenso wahrscheinlich, dafs diese rauhen Eigenschaften des Vaters, ähnlich wie bei Luther, die ihm eigentümliche Feinfühligkeit und Zartheit des Gemütes gegen Kinder, fremde sowohl wie eigene, haben entwickeln helfen. — Andererseits konnte sich Goethe auch manches Gute aus dem väterlichen Katechismus aneignen und er versäumt dies in der That nicht. — Wolfgang gelangt durch das Zuthun des Vaters in alle Werkstätten, bewegt sich in dem Kreise der Handwerker nicht weniger als in dem der anderen arbeitenden Klassen. Wir sehen ihn seine Stunden mit Erfolg beim Goldschmied zubringen, mit dem Maler ein mifsratenes Bild durchgehen und lesen dann wieder, wie er die Arbeit in der Wachstuchfabrik so anziehend findet, dafs er selbst Hand mit anlegt. Überall erwächst ihm dabei der Nutzen, seine Kenntnisse zu erweitern, die Zustände anderer beurteilen, sich in ihre Lage versetzen zu können, Freude und Leid jeder Lebensweise, kurz jede Art des menschlichen Daseins fühlen zu lernen.

Noch mannichfaltiger sind die Berührungen mit dem Leben, die Goethe Fritz von Stein gewährt oder verschafft, um ihn mit Anschauung und Erfahrung zu bereichern. Wie er auf den zahlreichen Ausflügen und Reisen, die wir oben zu verzeichnen hatten, die Begriffe seines Zöglings erweitert haben mochte, ist kaum abzuschätzen. Verstand er es doch wie kein zweiter, zu reisen,[1] und war es doch nach Riemers Zeugnis ein hoher Genufs, mit dem Dichter unterwegs zu sein, wegen der seltenen Empfänglichkeit, die er überall an den Tag legte. — Auf zweierlei Weise kann nach seiner Ansicht der Geist höchlichst erfreut werden, durch Anschauung und Begriff. Dafs er das erste dieser beiden Werkzeuge der Bildung in ihrem Wesen vortrefflich erkannt hatte, sahen wir schon und fügen hier nur noch hinzu, dafs es lediglich Empfänglichkeit war, die er für das zweite, den Begriff, verlangte. Da aber der Begriffe, die wir für die Wissen-

---

1) Goethe hatte sogar Reiseregeln didaktischen Charakters aufgestellt, worin die Notwendigkeit betont wird, sich auf fremdem Terrain nach dem Laufe der Wässer zu erkundigen, ja bei dem kleinsten Bache zu fragen, wohin er denn eigentlich laufe. Man erlange dadurch eine Übersicht von jeder Flufsregion, in der man eben befangen sei, einen Begriff von den Höhen und Tiefen, die auf einander Bezug haben, und winde sich am sichersten an diesen Leitfäden, welche sowohl dem Anschauen als dem Gedächtnis zu Hilfe kämen, aus geologischem und politischem Ländergewirr. Vgl. D. u. W. II. 188.

schaft und das tägliche Leben nötig haben, unendlich viele sind, so heifst seine Losung, in die Fülle der äufseren Welt greifen, wo der Mensch allein Nahrung für sein Wachstum und zugleich einen Mafsstab desselben finden kann, und demgemäfs verfährt er mit seinem Zögling.

In dem Eisenacher Brief, worin er Frau von Stein meldet, dafs Fritz viel herumstreife, drückt er zugleich die Zuversicht aus, dafs ihn dieser Aufenthalt sehr bilden helfen werde. Drei Tage später schreibt er, Fritzen gehe es sehr wohl, er sei mit so viel neuen Gegenständen umgeben, mit denen er spielen könne, möge und dürfe. — Läfst er den Knaben nicht nach Belieben seine eigenen Wege gehen, so schickt er ihn auch wohl allein zu fremden Menschen, damit er sich betragen lerne und achtet genau darauf, dafs er überall dabei ist, wo es etwas zu sehen giebt. So hatte er am 15. Juli 1782 aus Anlafs eines gemeinsamen Ausganges mit Charlotte an dieselbe geschrieben: „Gegen viere da wollen wir zu dem Mann mit den Tieren gehen. Nimm etwa noch jemand mit. Fritz mag so etwas gerne sehen." — In Italien fehlt ihm niemand als sein kleiner Freund, um von allem lernen und an allem teilnehmen zu können. Damit er sich eine klare Vorstellung von der Wohnung des Dichters in Rom machen könne, giebt ihm dieser auf, 3000 Schritte in der Belvedereschen Allee abzuschreiten und dabei an ihn zu denken. In dem Bestreben, alles Gute, Neue und Merkwürdige mit Fritz zu geniefsen, schildert er aufs ausführlichste, was er dort erlebt und sieht, das

Weihnachtsfest in St. Peter, die Chorherren, die Frühmetten, das Christuskind auf silberverzierter Wiege, das Hochamt u. s. w. Wie er in der Peterskirche fast über den Papst gefallen wäre, daſs dieser keinen Bart habe, wie die Päpste, die Fritz kenne, und wie er dann 1000 Schweine habe schlachten hören, wie das Parterre in der Oper aber noch einen gröſseren Lärm mache, als die 1000 Schweine —, das alles erfährt Fritz. Dabei weiſs er mit groſsem pädagogischen Geschick und feinstem Gefühl die Auswahl dessen zu treffen, was für den vierzehn- oder fünfzehnjährigen Knaben zu wissen dienlich war. Wenn er z. B. über das groſse Pferd von Troja, die heraussteigenden Griechen, die Flucht des Äneas und die brennende Stadt erzählt, (vgl. Brief vom 4. Januar 1787) oder über das Meer und das Petersfest, wobei das Volk auf den Straſsen die ganzen Nächte singe, auf der Zither spiele und jauchze —, so waren das lauter Dinge, die Fritz interessieren muſsten. Daſs bald Lava vom Vesuv, bald Sepia und andere Dinge an die Kinder in Weimar ankommen, sahen wir bereits. Sogar mit dem Äuſseren seiner Briefe weiſs er einen pädagogischen Zweck zu verbinden. Er siegelt mit merkwürdigen Steinchen und läſst Fritz archäologische Studien daran machen. Hätte ein Pädagog von Fach mehr thun können? —

Goethe hatte ferner an der Hand seines Vaters auch mit Gartengeschäften umgehen gelernt. Die fast täglichen Gänge in den Baumgarten und den Weinberg, die Freude an den Erzeugnissen des Frühlings bis zu den letzten des Herbstes, die Weinlese, die heitere Beschäftigung beim Keltern etc. gehören zu den liebsten Episoden seiner Erinnerung.

Der Sohn der Freundin mochte an die Bohnenbeete im Berggarten an der Ilm und die Aqueducs, die Goethe hoch in Ehren hält, mit nicht weniger angenehmen Gefühlen zurückdenken. Ein Grundsatz aber ist es namentlich, den der Sohn der väterlichen Praxis für die eigene erzieherische Thätigkeit entlehnt hatte, nämlich der, daſs junge Leute nichts mehr aufmuntern und anregen könne, als wenn man selbst schon in gewissen Jahren sich wieder zum Schüler erkläre und in einem Alter, worin man sehr schwer neue Fertigkeiten erlange, dennoch durch Eifer und Aufmerksamkeit Jüngeren von der Natur mehr Begünstigten den Rang abzulaufen suche.

Es ist in der „Pädagogik" s. 141 ff. darauf hingewiesen worden, wie der alte Rat zeichnend bemüht ist, die Fertigkeiten seines Sohnes in dieser Kunst zu steigern, und andere gute Beispiele giebt. Goethe verfährt mit Fritz von Stein genau in derselben Weise. — Als er 1784 mit dessen Mutter französisch korrespondiert, und zwar nach Anleitung gestochener Vorschriften in sehr netten und sauber geführten Handzügen, übt er sich mit dem Knaben im Schönschreiben und meldet am 17. September nach Kochberg: „Fritz est bien gai, je lui a fait sentir la beauté des characteres Anglois que j'ai apporté de Brunswic, hier au soir avant d'aller au lit nous avons fait l'essai de les imiter. J'espere que cette nouveauté le reveillera du moins pour quelque tems car il a negligé beaucoup cette partie la, je lui donne un bon exemple en m'exerceant avec lui." Bald darauf heifst es: „Je t'envoie une lettre de Fritz et un essai de sa plume" und wie er es auch im folgenden Jahr noch mit der Handschrift des Knaben zu thun hat, zeigt der am 11. Nov. aus Ilmenau an Charlotte gerichtete Brief, worin er ihm für ein Briefchen danken läfst und hinzufügt: „Wenn seine Handschrift sich so hält und weiter bessert, soll mich's freuen." Dafs er auch sonst lehrhaft eingreift, Fritz diktiert, Briefe zu kopieren, Suppliquen zu lesen und darüber zu referieren aufgiebt, geht aus den oben mitgeteilten Briefen vom 29. Juni 1783 und 17. Juni 1784 hervor, während über das gemeinsame Lesen ein Billet vom 26. Mai 1782 handelt, worin Goethe, nachdem er den Kleinen bei sich über Nacht behalten hatte, schreibt: „Hier ein Zettelchen von Fritz, der mir ein vergnügter Anblick diesen Morgen war, gestern abend haben wir noch im Linné von den Fischen gelesen und zwar im Bette." Kurze Zeit darauf, am 4. Juni, freut er sich der Freundin mitteilen zu können, dafs sich ihm Fritz zum Vorlesen angeboten und aus den Confessions recht artig und mit Verständnis gelesen und dem Anschein nach auch das Meiste verstanden habe. Unter einem Lehrmeister wie Goethe dürften wohl auch die chemischen Studien, die zum Besuch des Laboratoriums angestellt wurden, von Erfolg begleitet gewesen sein. Wir hören nichts darüber, wohl aber versäumt es der Dichter selten, Fritz über den Fortgang und die Resultate der eigenen wissenschaftlichen Thätigkeit zu unterrichten, welche er u. a. am 21. Mai 1786 aus Jena so schildert: „Ich habe einige Geschäfte besorgt und der Wissenschaft obgelegen, Algebra ist angefangen worden, sie macht noch ein grimmig Gesicht, doch denke ich, es soll mir auch ein Geist aus diesen Ziffern sprechen und wenn ich den nur einmal vernehme, so wollen wir uns schon durchhelfen." — Wie mufste ein solches Verhalten auf den Lerneifer seines Zöglings wirken?

Ein anderes Moment kommt hinzu. Goethe hatte die Unterweisung Jüngerer als ein vorzügliches Hilfsmittel der Selbstbildung erkannt. Seine Virtuosität des Sicherziehenlassens durch Männer, Frauen und Kinder, namentlich aber durch die letzteren, bleibt unübertroffen. „Was sogar die Frauen an uns ungebildet zurücklassen, das bilden die Kinder aus, wenn wir uns mit ihnen abgeben, hören wir in den „Lehrjahren" aus Lotharios Mund und aus des Dichters eigenem: „Christus hat recht uns auf die Kinder hinzuweisen, von ihnen kann man lernen und selig werden." So gesteht auch Werther, dafs er bei seinen Vorträgen im Kreise der Kleinen viel lerne, und was er von der Aufmerksamkeit derselben auf die Einzelheiten seiner Erzählungen sagt, wie er sich gewöhnte, die Märchen möglichst unverändert wieder zu erzählen, entsprach offenbar völlig dem, was Goethe in Wetzlar erlebt. Besonders bemerkenswert ist hier namentlich das Verhältnis Wilhelm Meisters zu seinem Sohn Felix, der den Vater erziehen und beschämen hilft, indem er ihm seine vielfache Unwissenheit fühlbar macht. Der Knabe zwingt Wilhelm sich nach Gegenständen zu erkundigen, an denen er achtlos vorbeigegangen war, sich über Erscheinungen Rechenschaft zu geben, die sein Nachdenken noch niemals herausgefordert hatten. Durch Fragen, woher der Wind komme und wohin die Flamme gehe, fühlt er sich förmlich in Verlegenheit gesetzt, und so sehr er sich auch über den schönen Einfluſs freut, den Felix auf ihn ausübt, so unbehaglich ist ihm das Gefühl, als er entdeckt, daſs der Knabe wirklich mehr ihn erziehe, als er den Knaben. Dieses Unbehagen hält aber bei dem Helden des Romans nur „einen Augenblick" an, sowie es bei Goethe selber der Fall gewesen sein mochte. Im allgemeinen sehen wir ihn unausgesetzt damit beschäftigt, seine Kenntnisse nach allen Richtungen zu erweitern, auf den verschiedensten Gebieten Umschau zu halten, und seine kindliche Bereitwilligkeit immer zu lernen ist so groſs, daſs wir fortwährend auf ihre Zeichen stoſsen nicht bloſs in Rom, wo er in die Perspektivstunde geht, weil es eine rechte Lust sei wieder den Schüler zu machen, und von wo er am 30. Juni 1787 an Fritz und die Kinder schreibt, er lerne gar manches, was er ihnen wieder lehren werde. Indessen sollten sie nur hübsch fleiſsig sein; denn es komme einem heute oder morgen zu gute, wenn man etwas gelernt habe. — — —

Dieses rezeptive Verhalten Goethes, worin wir den väterlichen Einfluſs nicht zu verkennen vermögen, hat sein Gegenstück in der vortrefflichen Methode der Mutter, die produktive Selbstthätigkeit der Kinder zu üben, welche recht eigentlich auch seiner Pädagogik den Stempel aufdrückt und in seiner Erzieherpraxis Fritz von Stein gegenüber konsequente Anwendung findet von jenen poetischen Versuchen im Favoritsilbenmafs an bis zu dem italienischen Brief des „italienischen Freundes", den Goethe in derselben Sprache zu erwidern verspricht, um ihn zu weiteren Fortschritten anzuregen.

Vergessen wir auch nicht, dafs der Dichter der rechte Mann war, das innere Bedürfnis der Menschen zu erhöhen, ihnen eine grofse Idee von sich selber zu geben.

Wir haben in der „Pädagogik" davon gehandelt (vgl. s. 240), dafs er die Biographieen nicht blofs liebte, sondern auch empfahl, um das Herrliche eines grofsen Daseins zum Bewufstsein zu bringen. Wo aber hätte sich ein Jüngling bessere Muster suchen können als bei Goethe? Wo waren stärkere Anreize für ideales Streben zu finden als bei seiner Person und in seinem Werden?

Goethe hatte zu seinem Zögling ein durchaus unmittelbares Verhältnis hergestellt. Schon das äufsere Band, geknüpft durch körperliche Berührungen von Person zu Person, durch Dienstleistungen, die er dem Kinde erwiesen hatte, war ein sehr festes. Von noch gröfserer Bedeutung sind die geistigen Beziehungen, die beide verbanden. Goethe hatte sich dem Knaben völlig erschlossen. Er behandelt ihn als Vertrauten, als jüngeren Freund, dessen Stimme zu hören ist, teilt ihm nicht nur seine schriftstellerischen und künstlerischen Fortschritte mit, sondern traut ihm auch ein Urteil darüber zu. Fritz ist eben so genau unterrichtet über einen Ball, den Goethe mitgemacht und wie viel er getanzt, als über den Stand seiner naturwissenschaftlichen Studien (vgl. Brief vom 18. November 1788 aus Jena, Ebers und Kahlert s. 54). So scheut er sich auch nicht dem Knaben über die Reise nach Italien die intimsten Aufschlüsse zu geben, wie uns der Brief vom 10. März 1787 aus Rom beweist (a. a. O. s. 40), der hier als charakterischer Beleg für diese Seite des Verhältnisses seine Stelle finden mag:

„Ich danke Dir, mein lieber Fritz, für Deinen Brief, in welchem mich der Ausdruck Deiner Liebe und Neigung recht herzlich freut. Wenn ich Dir nicht oft wiederhole, daſs ich Dich sehr zu mir wünsche, so verschweige ich nur, was mir fast täglich im Gemüte ist. Denn was ich sehe, ist gar schön und lehrreich, und Du würdest es noch mehr genieſsen als ich. — Ich komme sobald zurück, als mir möglich ist, sobald ich mir nur eine gewisse Art von Kenntnis von diesem Lande erworben, sobald ich das Merkwürdigste von Natur und Kunst gesehen habe. Dann will ich Dir viel erzählen, wir wollen mancherlei Betrachtungen anstellen, und mit der Zeit will ich Dich einmal selbst hierher bringen. — Mache Dir keine traurigen Vorstellungen von meinem Aufsenbleiben. Es war mir höchst nötig, daſs ich wieder eine groſse Masse von Kenntnissen, von neuen Begriffen mir eigen machte, an denen ich wieder eine Weile verarbeiten kann. Es wird mir und alle den Meinigen zu gute kommen. — Hier ist ein Land so lustig und heiter, wie Du gewöhnlich bist. Die See und das Land geben genug her, um die Menge Menschen leicht zu nähren. Die

Märkte sind voll Fische. Blumenkohl wird auf Eseln häufig zum Verkaufe durch die Stadt getragen, und die Höker haben alles voll Rosinen, Mandeln, Feigen, Nüssen, Pomeranzen u. s. w. Das Brot ist gut und es fehlt nicht an Fleische. Jedermann lebt in den Tag hinein, weil ein Tag dem .anderen gleicht, und man sich auf keine Zeit des Mangels, keinen Winter vorzubereiten hat. Ich bin oft am Meere. Seit einigen Tagen ist es in starker Bewegung. — Schreibe mir bald wieder. Ich werde Deine Briefe richtig erhalten, wo ich auch sei. Bald werde ich Herculanum, Pompeji, und dann auch Pästum sehen. Grüfse, wen Du von mir zu grüfsen gut und artig findest, ich billige alles. — Grüfse Ernsten und lafs ihn mir auch einmal schreiben, was er macht. Empfiehl mich Deiner Grofsmutter zu geneigtem Andenken; *ich freue mich aus mehr als einer Ursache nach Hause, und Du bist eine der ersten.* — Lebe wohl und gedenke mein."

Diese Art, seinem Zögling Einblicke in sein innerstes Seelenleben zu gestatten, ihn daran teilnehmen zu lassen, konnte nicht ohne die nachhaltigste Wirkung auf diesen bleiben. Wir suchen hierin vielmehr die Erklärung für jene frühzeitige Reife und Selbständigkeit des Charakters, die ihn auszeichnet, wenn er auch schon während seiner Pagenperiode, wo er sich fast ganz selbst überlassen war und sich zeitig selbst führen lernen mufste, den Grund dazu gelegt haben mochte. Diese Selbsterkenntnis des jungen Stein, eine für seine Jahre ungewöhnliche Erscheinung, wird in das beste Licht gerückt durch das Urteil der Frau Rat, die in ihrem Brief vom 9. September 1784 (Ebers und Kahlert s. 83) an Fritz schreibt:

„Ich danke Ihnen von ganzem Herzen vor die Schilderung Ihrer mir so lieben und interessanten Person — besonders freut mich, dafs Sie Ihr Gutes und Nichtgutes schon so hübsch kennen. Bravo! lieber Sohn! das ist der einzige Weg, edel, grofs, und der Menschheit nützlich zu werden; ein Mensch, der seine Fehler nicht weifs, oder nicht wissen will, wird in der Folge unausstehlich, eitel, voll von Pretensionen, — intolerant, — niemand mag ihn leiden, — und wenn er das gröfste Genie wäre, — ich weifs davon auffallende Exempel. Aber das Gute, das wir haben, müssen wir auch wissen, das ist eben so nötig, eben so nützlich, — ein Mensch, der nicht weifs, was er gilt, der nicht seine Kraft kennt, folglich keinen Glauben an sich hat, ist ein Tropf, der keinen festen Schritt und Tritt hat, sondern ewig im Gängelbande geht und in seculum seculorum — Kind bleibt. Lieber Sohn, bleiben Sie auf diesem guten Wege, und Ihre vortrefflichen Eltern werden den Tag Ihrer Geburt segnen."

Dafs dies der Fall wurde, dazu trug Goethe durch seine seltene Führung das Übrige bei, wie Fritz selber bezeugt, indem er Goethes Betragen gegen Kinder ein Muster dieser Art nennt und ausführt: „Er begegnete mir mit Liebe, Ernst und Scherz, wie es nötig war etc."

In der That hätte des Dichters Erziehungsverfahren kaum besser gekennzeichnet werden können als in jenen Worten des eigenen Zöglings.

Obenan stand der Satz: „Freudigkeit ist die Mutter aller Tugend",[1] jener grundlegenden Lehre Spinozas entnommen, nach welcher die mit der Freude verbundene angenehme Empfindung den Übergang des Menschen von geringerer zu gröfserer Vollkommenheit bildet.

„Unglück bildet den Menschen und zwingt ihn, sich selber
zu kennen;
Leiden giebt dem Gemüt doppeltes Streben und Kraft.
Uns lehr' eigener Schmerz, der andern Schmerzen zu teilen,
Eigener Fehler erhält Demut und billigen Sinn.
Mögest Du, glücklicher Knabe, nicht dieser Schule bedürfen,
Und nur Fröhlichkeit Dich führen die Wege des Rechts!"

so hatte Goethe am 17. März 1785 seinem lieben Fritz von Stein ins Stammbuch geschrieben und an seinem Teile sich bemüht, den Knaben so heiter als er

---

[1] Wenn ich mir in der Pädagogik gestattete, jenes Wort in der Fassung „Fröhlichkeit ist die Mutter etc." anzuführen, so geschah dies nach dem Vorgang der Frau Rat, die am 18. Dez. 1785 an Fritz von Stein schreibt: „Lieber Fritz, erinnert Er sich noch, wie wir's zusammen sangen und dabei so fröhlich und guter Dinge waren. Fröhlichkeit ist die Mutter aller Tugenden! sagt Götz von Berlichingen — und er hat wahrlich recht. Weil man zufrieden und froh ist, so wünscht man alle Menschen vergnügt und heiter zu sehen und trägt alles in seinem Wirkungskreis dazu bei etc." Nur Unkenntnis oder Spitzfindigkeit konnte also einem Kritiker (vgl. B. Suphan a. a. O.) die Bemerkung in die Feder diktieren, es sei bezeichnend für mein Buch, dafs das allbekannte Wort erst am Ende auftauche und zwar in der Fassung „Fröhlichkeit etc.", die doch etwas anderes sage.

a posteriori bereits bei seinem Eintritt in die Welt geschildert wird, zu erhalten. Wenn Goethe in seinen Briefen an Charlotte fortgesetzt meldet, Fritz ist „vergnügt und wohl" oder „gut und glücklich" oder „wohl und lustig", oder „munter und gut" und hervorhebt, dafs er in Frankfurt bei seiner Mutter erst die Freiheit und die Philosophie des Lustigen kennen gelernt oder seine Natur mit der des heiteren Landes Italien vergleicht, so sind das ebenso viele Hindeutungen auf das, worin er den Schwerpunkt für das Gelingen seines Erziehungswerkes erblickt. Um ihm diesen Frohsinn zu bewahren, ist ihm kein Opfer zu grofs. Er duldet sogar die Ausgelassenheit, den Mutwillen, freut sich über den Kleinen, der das neue Jahr herbeigäkelt und hält seine Würde nicht für geschädigt, wenn er von ihm mit dem Pantoffel geweckt wird. — Goethes Toleranz gegen die Kinder erscheint nahezu unglaublich. Bezeichnend ist hier namentlich jener kleine Vorfall an einem Theeabend bei Knebel, wo Zacharias Werner, der Verfasser der „Weihe der Kraft" vorlas und des Hausherrn kleiner Knabe, der still mit Steinen spielend dabei gesessen hatte, die höchste Deklamation des Vortragenden mit dem Ausruf unterbrach: „Der Mensch ist ja verrückt!" Als die Mutter aufs höchste verlegen wird, während Knebel seinen Sohn streng zur Ordnung ruft, will sich Goethe tot lachen und schlägt sich für den jugendlichen Kritiker bei dem Freunde mit den Worten ins Mittel: „Lafs ihn gehen! Der Junge hat eine Welt in sich", während der Kleine fort behauptete: „Wie könnte er denn so sprechen, wenn er nicht verrückt wäre." — Der Dichter, wenn er in den verschiedensten Variationen ermahnt, der tollen Jugend anmafslich Wesen zu ertragen, handelt also nur seinen Lehren entsprechend. Dafs die Jugend um ihretwillen hier sei, nicht um mit dem Alter zu älteln, hören wir ihn immer wieder von neuem betonen. Jenem gezieme die Sorge für die Jugend, damit diese eine Zeit sorglos sein könne. So wie es ihm in seiner Jugend behagt habe, als er nach alt und jung nicht fragte, dürfe auch das heranwachsende Geschlecht empfinden. Freilich sei es nötig mit Ehren alt geworden zu sein, um die Jugend, diesen närrischen Einfall der Grofsmama Natur richtig zu nehmen. Deshalb kann er auch nicht umhin, ein Verfahren zu mifsbilligen, das darauf hinausläuft, die liebe Jugend beizeiten zahm zu machen, alle Natur, alle Orginalität und alle Wildheit auszutreiben, so dafs am Ende nichts übrig bleibe als der Philister, während er selber nach dem Grundsatz handelt: „habe Geduld mit den Kindern und lasse sie nach ihrer Weise aus dem grofsen Born ihr Teil schöpfen und geniefsen."[1]

Zum Scherz gesellt sich der Ernst, beide vom Geist der Liebe getragen.

---

1) Bekanntlich war Goethe der Beschützer jedes kindlichen Spieles (vgl. Pädagog. s. 203 ff.) Er sah es gern, wenn die Kinder auf dem Hofe hinter dem Hause, wo jetzt die griechische Kirche liegt, sich lustig umher tummelten und der älteste Sohn Charlottens erinnerte sich, dafs durch Goethe in Weimar alle Arten von Leibesübungen in Gang kamen; man badete, schwamm, lief auf Stelzen und der Herzog selbst liefs auf ihrem Hof ein Seil zum Seiltanzen aufspannen.

Der Dichter hat zwar den Satz: ὁ μὴ δαρεὶς ἄνϑρωπος οὐ παιδεύεται an die Spitze seiner Biographie gestellt, in seiner pädagogischen Praxis verfährt er aber, das Wort in seinem ursprünglichen Sinn gefaſst, durchaus nicht danach. Er weiſs, daſs von der Rute keine anderen Wirkungen zu erwarten sind, als daſs sie die Seele schlaff und feig oder heimtückisch und starrsinnig macht, und sucht den Ausgleich zu den Vorschriften der Bibel, die einen so ausgiebigen Gebrauch von dem pädagogischen Instrument gemacht sehen will, im Kantischen Sinn. Weit entfernt, die Vorschriften des alten Testaments: „Hast Du Kinder, so zeuch sie und beuge ihren Nacken von Jugend auf" oder „Züchtige Deinen Sohn, so wird er Dich ergötzen und wird Deiner Seele sanft thun" zu den seinigen zu machen, lehrt er vielmehr: „die Liebe herrscht nicht, aber sie bildet und das ist mehr." Wie er dem nach dem Absoluten strebenden Philosophen gegenüber seine eigene Ansicht dahin zusammenfaſst, daſs das Absolute die Liebe sei (vgl. „Den Absolutisten" W. II. 270), stellt er die Liebe auch in den pädagogischen Verhältnissen seiner Werke als die eigentliche Erziehungssonne in den Mittelpunkt. Wo diese nicht leuchtet (vgl. Hermann u. Dorothea), da giebt es höchstens ein Abrichten des Zweckmäſsigkeits- und Nützlichkeitsmenschen, da herrscht die Dressur.

Goethes Grundsätze sind diejenigen Nataliens, jener Vertreterin der veredelten, werkthätigen christlichen Liebe, während er sich für das Erziehungsprogramm ihrer Widersacherin nicht erwärmen kann.

Zucht, Ordnung, Befehl, Theresens Standpunkt, sind seine Sache nicht, es sei denn, dafs besondere Umstände, wie sittliche Gefährdung vorliegen, die ihn sogar militärische Pädagogik empfehlen läfst.[1] Das Verhältnis des Zöglings zum Erzieher, als Liebe und Ehrfurcht der Jugend gegen das Alter, so wie es sich Goethe denkt, hat er uns besonders schön dargestellt in jenem herrlichen Gedicht „Euphrosyne" und in den poetischen Figuren des Dichters und Schenken im Divan. Sehen wir hier das Zartgefühl für die Schönheit eines heranwachsenden Knaben, welches, wie er selber erläutert, im Divan nicht fehlen durfte, mit so viel Anmut behandelt, so wird er uns in jener Erzählung von einer Theaterprobe als Bühnenpädagog vorgeführt und ein Gefühl geschildert, das der Liebe eines höheren Künstlers zu einem trefflichen Werke verwandt ist, indem die kleine 13 jährige Schauspielerin Neumann, welche die Rolle des Knaben Arthur in Shakespeares „König Johann" spielte, so rührend mit Goethes Worten von ihm sagt:

---

[1] In diesem Fall ist er sogar für rigorose Strenge. „Unter militärischer Pädagogik ist schon mancher Bursche der Art gebessert worden" schreibt er in betreff eines völlig verwahrlosten Knaben mit „unwiderstehlichem Appetit nach fremdem Eigentum", den er in ein K. K. österreichisches Jägercorps bringen will, „damit eine strenge Aufsicht und gebührende Strafe ihn zu einer besseren Sinnes- und Handlungsweise fördern könne" (vgl. Brief vom 29. Februar 1829. Goethes Briefe. Allgemeine Verlagsanstalt Berlin III[2] s. 1473).

„Kindlich strebt' ich empor und küfste die Hände Dir dankbar,
  Reichte zum reinen Kufs Dir den gefälligen Mund,
Fragte: Warum, mein Vater, so ernst? Und hab' ich gefehlet,
  O, so zeige mir an, wie mir das Befsre gelingt!
Keine Mühe verdriefst mich bei Dir, und alles und jedes
  Wiederhol' ich so gern, wenn Du mich leitest und lehrst."

und der Dichter dann von ihr:

„Aber freudig seh' ich Dich mir in dem Glanze der Jugend,
  Vielgeliebtes Geschöpf, wieder am Herzen belebt!
Springe fröhlich dahin, verstellter Knabe! Das Mädchen
  Wächst zur Freude der Welt, mir zum Entzücken heran.
Immer strebe so fort, und Deine natürlichen Gaben
  Bilde bei jeglichem Schritt steigenden Lebens die Kunst!
Sei mir lange zur Lust, und eh' mein Auge sich schliefset,
  Wünsch' ich Dein schönes Talent glücklich vollendet
    zu sehn."

Der Liebe giebt Goethe also den Vorzug vor der Strenge; dieser glaubt er entraten zu können,[1] nicht aber des Ernstes, der einen bemerkenswerten Zug seines Charakters bildet und auch auf pädagogischem Gebiet von Bedeutung wurde. „Ernst ohne Trockenheit und ein gesetztes Wesen mit Freude", so kennzeichnet er sich selbst und äufsert einmal Fritz von Stein gegenüber, er werde sich bei der Mutter besser befinden, da sie nicht so ernsthaft sei wie der Freund.

---

1) „Man bemerke, dafs strenge Gesetze sich sehr bald abstumpfen und nach und nach loser worden, weil die Natur immer ihre Rechte behauptet. Wir haben (in unserer Pädagogik) läfsliche Gesetze, um nach und nach strenger zu werden." Vgl. s. 165 der „Pädagogik."

Ohne Ernst sei nichts möglich, pflegte er zu sagen.
Steinern war sein Ausharren, ehern seine Geduld. Und
wo wären diese Eigenschaften wichtiger als in der Erziehung, wo alles darauf ankommt, geduldig auszudauern und trotz mancher Enttäuschungen nicht mißmutig zu werden? Hier zeigt sich der Dichter geradezu
bewunderungswürdig. Er behandelt seine Zöglinge
wie die Kirschbäumchen seiner Jugend. Die Freude
der ersten Blüte und die erste Frucht zerstört der
Maifrost; da wird die Hoffnung auf das nächste Jahr
gesetzt und die Früchte werden auch schön und reif.
Noch ehe aber die Kirschen versucht sind, werden sie
eine Beute der Sperlinge. Ein anderes Jahr fressen
sie die Raupen, dann ein genäschiger Nachbar, dann
der Meltau. Und trotzdem werden Kirschbäumchen
weiter gepflanzt; trotz aller Unglücksfälle giebt's noch
so viel Obst, daß man satt wird. Zuweilen freilich
muß das junge Stämmchen, damit es nicht Schaden
nehme, nachdem es wohl gepflanzt ist, umfriedigt und
sonderlich gegen die Hasen verwahrt werden, etwa wie
die Obstbäume zu Kochberg. — Goethes Gewissenhaftigkeit, die wir in allen Zweigen seines vielseitigen Schaffens bemerken, tritt hier in der ängstlichen Sorgfalt
zu Tage, mit welcher er sich bemüht, alle nachteiligen Einflüsse von Fritz fern zu halten. Wir hören
nichts von einem unbeaufsichtigten Durchstöbern der
Bibliothek, wie es uns der Dichter aus seiner eigenen
Jugend erzählt, nichts von einer sittlichen Gefährdung
durch Theaterliebschaften, wohl aber bezeugt der ältere
Karl von Stein, daß sein Bruder von einer pedan-

tischen Sittsamkeit gewesen sei.[1] Weit entfernt seinen Zögling der Weichlichkeit oder phantastischen Verirrungen zu überliefern, ist er vielmehr ernstlich bemüht, den Knaben abzuhärten, um ihn fähig zu machen, die Übel des Lebens zu ertragen und ihnen entgegen wirken zu können. Wie er sein körperliches Wohl bis ins Einzelne überwacht, den Haarschnitt nicht ausgenommen,[2] beweist am besten jener launige Brief an Fr. Jacobi vom 11. Septbr. 1785, worin er u. a. schreibt: „Wir leben gut und freundlich zusammen, obgleich Frau von Stein wieder auf ihr Gut ist. Fritzen hab' ich nach Frankfurt geschickt, damit er Blanchard in die Luft steigen sehe und in der Messe als einem trefflichen Teil des Orbis picti herumlaufe. — Weifst Du was, ich will ihn Deinem Mädchen erziehen, einen hübscheren und besseren Mann kriegt sie doch nicht, da ich doch einmal Dein Schwiegersohn nicht werden kann. Aber gieb ihr nicht Punsch zu trinken und des anderen Quarks, halte sie unverdorben wie ich den Buben, der an die reinste Diät gewöhnt ist." — Fritz von Stein verdankt aber Goethe noch mehr.

Oder sollte es zufällig sein, dafs gerade an ihm ein für alles Schöne, Grofse und Gute offener Sinn gerühmt wird? — In Weimar war es, wo sich der

---

[1] Frau von Stein schreibt einmal an ihn: „Du bist mein Ideal von einer reinen, schönen Seele gewesen; ich möchte es auch so mit mir ins Grab nehmen."

[2] Vgl. Brief an Charlotte vom 7. Juli 1784: „Fritz ist sehr vergnügt, sein Vater hat ihm wieder einmal die Haare abschneiden lassen, das ihm ein albern Aussehen giebt."

vielseitige Mann entwickelte, wo sich die Liebe für alles Ideale in ihm entfaltete, die ihn bis in die späteste Zeit seines Lebens begleitete, ihn stets jugendlich und frisch erhielt, und Goethe ist es gewesen, der diese Eigenschaften in ihm entwickelte. Die Art und Weise, wie der Dichter die ästhetische und ethisch-religiöse Bildung seines Zöglings leitet, kann als mustergültig bezeichnet werden.

Wir finden es nur natürlich, dafs ein Mann wie Goethe, welcher der Kunst neben der Wissenschaft die höchste Stellung einräumt, dem sie die Vermittlerin des Unaussprechlichen ist, ein lustiger Springbrunnen, der aus tausend Röhren spielend alle Kräfte erheitert, das enge Dasein zur Ewigkeit erweitert, auch die ästhetische Erziehung vor allem würdigt, und haben bereits in der „Pädagogik" ausführlich davon gehandelt, wie er den Sinn für das Schöne nicht nur geschaffen, sondern vor allem auch genährt und neu gestärkt wissen will. Weil der Mensch so geneigt sei, sich mit dem Gemeinsten abzugeben, weil Geist und Sinn sich so leicht gegen die Eindrücke des Schönen und Vollkommenen abstumpfen, müsse man die Empfänglichkeit dafür bei sich auf alle mögliche Weise zu erhalten suchen. Deshalb rät er uns durch den Mund eines Serlo, man solle alle Tage wenigstens ein kleines Lied hören, ein treffliches Gemälde sehen und, wenn es möglich und zu machen wäre, einige vernünftige Worte sprechen. Er weifs, dafs die Einbildungskraft, diese stete Begleiterin auf unserem Lebensweg nur aus dem Farbentopf sinnlicher Anschauung malen kann, und empfiehlt jenes grofse, durch das ganze eigene Leben wirksam gebliebene Schauen, das geniefsend ohne zersplitterndes Urteil in sich aufnimmt, namentlich für jugendliche Geister, nachdem er wiederum durch eigene Erfahrung gelernt, die stille Fruchtbarkeit gewisser Eindrücke zu schätzen, auch wenn fürs erste die Wirkungen ausbleiben. Es genügt also, zu erwähnen, dafs sich hier abermals Theorie und Praxis bei Goethe völlig decken und dafs er ganz seinem Satz entsprechend: „Echt ästhetisch-didaktisch könnte man sein, wenn man mit seinem Schüler an allem Empfindungswerten vorüberginge", mit dem Sohne der Freundin verfährt. Wohl aber bedarf es der besonderen Hervorhebung, dafs Goethe auch die aufserordentliche Bedeutung der Naturschönheit für die religiöse und sittliche Bildung des Menschen erkannt hatte.

Wir wissen, dafs ihm die Welt von der Seite des Naturverständnisses beseelt war, während das Völkerleben und Staatsgetriebe nicht dieselbe Anziehungskraft für ihn besafsen, und halten dafür, dafs diese Seite seines Wesens niemals schöner gekennzeichnet wurde als in dem Ausspruch Bettinas, wenn sie von ihm sagt: „Bald sind's die Sterne, die mit Dir Rücksprache nehmen, bald die tiefen, abgründlichen Felskerne; bald schreitet Dein Blick als Prophet durch Nebel und Luftschichten und dann nimmst Du der Blume Farben und vermählst sie dem Licht." Sein Studium erstreckte sich auf die organische und anorganische Natur in gleicher Weise. Den Baum betrachtet er mit demselben Verständnis wie die ganze Sippschaft der

Moose und die unter der Erde dahinkriechenden Wurzeln und, als er in Venedig die Wirtschaft der Seeschnecken, Patellen und Taschenkrebse beobachtet hatte, bricht er in die Worte aus: „Was ist doch ein Lebendiges für ein köstlich herrliches Ding. Wie abgemessen zu seinem Zustande, wie wahr! wie seyend! Und wie viel hilft mir mein bischen Studium und wie freue ich mich, es fortzusetzen!" (Vgl. Tageb. a. Jt. s. 166). — Er besafs aber nicht nur das Forscherauge, für welches die starre Erdkruste keine tote Masse war, oder das Dichterauge, das ihn an den Granit poetische Betrachtungen knüpfen liefs, die Wirkung der Natur auf ihn war vor allem eine ethische. Nur so können wir die Freude über den Einzug des Frühlings verstehen, den er stets mit Jubel und einmal mit den Worten begrüfst: „Die nächsten Wochen des Frühlings sind mir gesegnet, jeden Morgen empfängt mich eine neue Blume und Knospe;" nur so können wir es erklären, dafs er von jedem Wechsel der Ortschaften, Gegenden, Tages- und Jahreszeiten aufs innigste berührt wird, dafs sich sein Wesen zuschliefst, wie die Blume, wenn sich die Sonne wegwendet, wo er ihrer bedarf. Goethes Verwachsensein mit der grofsen Mutter war das innigste, sein Naturgefühl das tiefste, welches zu denken ist. Die stille, reine, immer wiederkehrende leidenlose Vegetation tröstet ihn über der Menschen Not, ihre moralischen und physischen Gebrechen, und wie er selber nie versagenden Trost aus dieser ewig sprudelnden Quelle schöpft, so weist er auch andere kranke Gemüter, z. B. wie Plessing, darauf hin.

Frische Nahrung, neues Blut, neuen Schwung verdankt er ihr allein. Seinen Geist im Erhabenen der Natur zu baden, Grofsheit aus ihr zu saugen, wo sie grofs war, Geduld und Stille, wo sie ihren lieblichen Charakter entfaltete, wie in seinem Thal, war ihm zum höchsten Lebensbedürfnis geworden. Jene Gewohnheit, die innere Natur nach ihren Eigenheiten gewähren und die äufsere nach ihren Eigenschaften auf sich einfliefsen zu lassen, jene wunderbare Verwandtschaft mit den einzelnen Gegenständen der Natur, die dadurch entstand, das innige Anklingen und Mitstimmen ins Ganze, befähigte ihn auch, die Wirkungen der Natur auf das Gemüt richtig abzuschätzen. Der Dichter hat nicht nur die eigene Seele stets offen gehalten für all das Grofse und Schöne, das sie bietet, sondern verstand es auch fremde zu öffnen, wie an verschiedenen Menschen seines Umgangs zu Tage tritt, nicht zuletzt an Fritz von Stein.

Dem Knaben war dasselbe günstige Los beschieden wie seinem Lehrmeister Goethe in der eigenen Jugend. Er besuchte nicht die öffentliche Schule, die das Kind so viele Stunden des Tages auf der Schulbank oft in öden Mauern festhält in der Klemme zwischen Naturzustand und Zivilisation. Es war ihm unverwehrt, in Wald und Hain, auf Feld und Wiese sich umher zu tummeln und seinen kindlichen Neigungen nach Belieben zu folgen. Goethe bestärkte ihn vielmehr noch darin. Hatte er doch in der eigenen Jugend erfahren, wie viel angenehmer es ist mit dem Maurerschurz angethan die Kelle zu führen, sich auf

Balken zu schaukeln und auf Brettern zu wiegen, als mit einer „meist ungezogenen und schmutzigen Schuljugend" zu verkehren und ihre Püffe und sonstigen Angriffe auszuhalten; hatte er doch in der Schule selbst den Widerwillen gegen die Schule gelernt. Derselbe Geist, der sich in den Worten Goethes an Kestner ausdrückt: „Johannisbeeren zu pflücken und Quetschen zu schütteln, wünscht' ich ehedessen, heute, morgen, übermorgen und fürs ganze Leben", spricht aus der Anlage von Fritzens Bohnenbeeten[1] und Aqueducs in des Freundes Berggarten; derselbe Geist, den Goethe „schön und menschlich" nennt, weist beide aus der Strafsen quetschenden Enge und dem dumpfen Druck der Dächer hinaus ins Freie, zu Kreuz- und Querzügen durch Thüringen, den Harz. Wenn sich der Dichter der Fesseln des Hofes entledigen konnte, geniefst er die Freiheit der Berge an der Seite seines lieben Zöglings, der zuweilen neben ihm her ritt, wie auf der zweiten Harzreise.[2] Auf diesen Ausflügen, Reisen,

---

1) Vgl. die Gartenarbeiten (Bohnenstecken) im „Émile" Liv. II.

2) Fritz begleitete Goethe damals auf den Brocken. Nachdem sie sich ungefähr 8 Tage bei der Marquise von Branconi in Langenstein aufgehalten hatten, besuchten sie am 11. September 1783 von dort aus die Rofstrappe und speisten auf einem in den Flufs gestürzten Granitstück zu Mittag. Bei gleich schönem Wetter machten sie am Tage darauf Ausflüge nach der Baumannshöhle, den Marmorbrüchen in Rübeland und begaben sich dann nach dem Oberharz. Am 18. Septbr. langten sie in Clausthal oder richtiger vielleicht in Zellerfeld an und am Sonntag, den 21. Sept., führte Herr von Trebra,

Spaziergängen wird die Natur nicht nur studiert, sondern auch genossen. Wenn sie auf die hohen Gipfel der Berge stiegen und in die Tiefen der Erde einkrochen, alle Felsen beklopften und die naturwissenschaftliche Ausbeute eine reiche war, so wurden daneben auch andere schöne Sachen entdeckt, die der Seele Schwung geben und sie mächtig ausweiten, wie Goethe einmal schreibt, und nirgends hat er die pädagogische Seite der Berührung von Naturwissenschaft mit der Sphäre des Gemüts so anschaulich dargestellt, als in jenem herrlichen Gedicht aus dem Schenkenbuch des Divan:

„Niedergangen ist die Sonne,
Doch im Westen glänzt es immer" etc.

Es wird uns dort eine Nacht geschildert, in der es überhaupt nicht Nacht wird. Das Abendrot vergeht nicht und der Dichter fragt deshalb:

„Wissen möcht' ich wohl, wie lange
Dauert noch der goldne Schimmer?"

Der Schenke versteht diese Frage nicht richtig und meint, es werde binnen kurzem tiefe Nacht sein und das Firmament von Feuern leuchten im ethisch-religiös-astronomischen Sinn, wie ihn der Dichter früher gelehrt, und kindlich kramt er seine Kenntnisse aus:

Vizeberghauptmann in Zellerfeld, der auf der zweiten und dritten Harzreise den eigentlichen Grund zu Goethes mineralogischem Wissen legte, ihn und Fritz von Stein, der auf einem kleinen Pferdchen ritt, auf den Brocken. Erst am Montag kehrte die Gesellschaft nach Zellerfeld zurück. (Vgl. Pröhle, Goethe und der Harz. Westermanns Monatshefte, Sept. 1886.)

> „Und das hellste will nur sagen:
> Jetzo glänz' ich meiner Stelle;
> Wollte Gott Euch mehr betagen,
> Glänztet Ihr wie ich so helle."

womit er ausdrücken will, daſs alle Sterne sich gegenseitig als Schöpfungen Gottes loben, daſs sich selbst der hellste bescheidet, weil es nur Gottes Wille gewesen ist, der ihn so glänzend gemacht hat, und hieran wird der allgemeine Gedanke geknüpft, daſs Gott alles gut gemacht habe, eben weil er selbst der beste sei. Gern gesteht er, daſs er diese Weisheit von seinem Lehrer gelernt, und selbstgefällig hebt er hervor, daſs keines seiner Worte ihm je entfallen werde:

> „Solches hast Du mich gelehret,
> Oder etwas auch dergleichen;
> Was ich je Dir abgehöret,
> Wird dem Herzen nicht entweichen."

So wie hier der Dichter als Greis die anziehende und belehrende Wirkung auf den fast im Jünglingsalter sich verlierenden Schenkenknaben darstellt, denken wir uns auch das Verhältnis zu seinem Zögling, bei dessen Unterweisung Astronomie und Ethik in ähnlicher Weise sich berührt haben mochten. — Wir hören nichts davon, daſs Goethe die praktische Religionssphäre in ihrer populären Form besonders betont hätte. Seine Religion war Gefühl für das Unendliche. Eine trockene Moral, Wunder- und Märtyrergeschichten muteten ihn nicht an, um so mehr aber jene Lehren, die uns die Wunder der Natur predigen, und jene zweite Seite der Religion, die wir die ästhetische nennen. — Über uns spannt sich ein Himmelsgewölbe mit Myriaden von Sternen, eine Sphäre aus, die von einem jenseitigen geheimnisvollen Licht durchflutet, von einem jenseitigen geheimnisvollen Klang durchströmt ist; „von dort her klingt, wenn die Stille der Nacht kommt, auch zu uns noch jene Harmonie, von welcher die Pythagoräer sagten, dafs sie nur das Geräusch der Welt übertönte, von dorther fliefst es zu uns herab als ein Grufs des Unendlichen, aus einer Welt, die wir nicht begreifen, sondern nur im tiefsten Innern als grofs und göttlich empfinden." Diese Wirkungen auf Phantasie und Gemüt, dieses ästhetische Ergriffensein der Sammlung und Erhebung sehen wir bei Goethe allenthalben hervorgehoben. Er will, dafs wir auch ohne den Glauben an den persönlichen Gott das uns umschwebende grofse Geheimnis allzeit würdigen, mit religiös-ehrfürchtigem Gefühle erfassen und hält dafür, dafs es „keine schönere Gottesverehrung giebt, als die, zu der man kein Bild bedarf, die blofs aus dem Wechselgespräch mit der Natur in unserem Busen entspringt." — Solche Wechselgespräche mochte Fritz von Stein öfters belauscht und selbst unbewufst gehalten haben. Draufsen in Gottes freier Welt ging auch ihm die Idee der Religion auf. Hier lernt er die Schönheit fühlen in der vollendeten Form der Blume, in der harmonischen Landschaft, in jedem vollendeten Erzeugnis der Natur, hier beschlich ihn die Empfindung einer unendlich geheimnisvollen Sehnsucht, bei der es dem Menschen ist, als ob er eilen, fliegen müfste, als ob sich die Seele aus den engen Schranken des zeitlichen

Daseins nach Befreiung sehne; hier stand er ganz unter dem Banne der metaphysischen Stimmung, des menschlichen Abhängigkeitsgefühles, der Andacht und Ehrfurcht, die uns ergreifen beim Brausen des Windes in den Bäumen, angesichts des bestirnten Firmaments und himmelanstrebender Felsmassen, gegenüber allen den Gewalten, die über der Natur stehend den Menschen bis zu zitternder Verzagtheit niederschmettern. Kaum konnte es jemand geben, der einem unverdorbenen Gemüte die Allgegenwart Gottes in der Natur besser fühlbar gemacht hätte, als der, welcher die herrlichen Worte gesprochen: „Sollten wir im Blitz und Donner und Sturm nicht die Nähe einer übergewaltigen Macht, im Blütenduft und lauen Luftsäuseln nicht ein liebevoll sich annäherndes Wesen empfinden dürfen." — Dafs es ferner, was sonst für die Erziehung unerreichtes Ideal zu bleiben pflegt, einem Kinde, dem die Ehrfurcht vor der Schöpfung Gottes in Fleisch und Blut übergegangen, das in Hochachtung vor den Werken der Natur aufgewachsen war, unmöglich sein mufste, irgend eines ihrer Geschöpfe mutwillig zu zerstören, einen Wurm zu zertreten, eine Blume unnütz zu pflücken, bedarf keiner besonderen Hervorhebung, ebenso wenig die Thatsache, dafs aus solcher Schule nur ein guter Mensch hervorgehen konnte, mit derjenigen Herzensbildung, die dem Dichter im Kampf mit dem Wust unfruchtbaren Wissens alles ist, wohl ausgerüstet und seine Mahnung „Gutes thun aus des Guten Liebe" und „Halte Dich im Stillen rein", treubefolgend, sollte sich sonst sein Wort: „Die Menschen werden von den

Menschen gebildet, die Guten von den Guten.", an ihm selbst bewahrheiten. — Das war der Geist, der dem Dichter entströmte, wenn er mit seinem lieben Zögling im Lande herumstreifte oder zur Frühlingszeit in seinem Thale Bäume pflanzte, in seinem Garten die vernachlässigten Plätzchen der Reihe nach mit Händen der Liebe polsterte und putzte, jederzeit die Fugen der Kunst, der lieben immer bindenden Natur zu befestigen und zu decken gebend wie bei Fritz selber.

Anders gestaltet sich das Bild des Winterlebens. Mit dem Erstarren der Natur, — ein Goethe stets traurig stimmender Vorgang —, wird es auch um ihn stiller und stiller; immer kleiner werden die Radien, die er um seinen Herd beschreibt, bis er sich endlich auf den Winter einrichtet, und sein Leben innerhalb seiner vier Wände sich abspielt. Drinnen aber herrscht ein immer reger Schaffensdrang, der unter dem Wahlspruch: „Tempus divitiae meae, tempus agermeus" zur rastlosen Bethätigung auf rein wissenschaftlichen, poetischen und anderen durchaus verschiedenen Gebieten führt. — Die Wertschätzung der Zeit bei Goethe hervorzuheben, ergab sich schon in der „Pädagogik" Gelegenheit. „Man sagt immer, die Lebenszeit ist kurz", läfst er sich einmal vernehmen; „allein der Mensch kann viel leisten, wenn er sie recht zu benutzen weifs. Ich habe keinen Tabak geraucht, nicht Schach gespielt, kurz nichts getrieben, was die Zeit rauben könnte. Ich habe immer die Menschen bedauert, welche nicht wissen, wie sie die Zeit zubringen oder benutzen können." Er selbst ist nicht einen Augenblick lafs.

So lange er auf Erden wandelt, erobert er seinen Schritt Landes täglich. Da er alles als Übung behandelt, hat auch das Unbedeutende Reiz für ihn. Der heitere Fleifs der Belohnung paart sich mit dem ernsten der Pflicht und der Überzeugung, dafs das Tagewerk, welches ihm aufgetragen ist, wachend und träumend seine Gegenwart erfordert. Diese Pflicht wird ihm täglich teurer und darin wünscht er es den gröfsten Menschen gleich zu thun. Die Begierde, die Pyramide seines Daseins, deren Basis gegeben war, so hoch als möglich in die Luft zu führen, überwog alles andere und liefs kaum augenblickliches Vergessen zu.

So war die Atmosphäre beschaffen, in der Fritz von Stein atmete, und hieraus erwuchsen ihm zugleich die Impulse zu jenem Drang nach Selbstveredlung, der auch seine Mutter erfafst hatte. Beide ranken sich an Goethe empor und kein anderer, als des Dichters Geist spricht aus Charlottens Zeilen, wenn sie an ihren Fritz schreibt: „Wärst Du ein rechter Erdenmensch, es wäre Dir gelungen; aber es ist ein besseres Streben in Dir", dann ein anderes Mal: „Möge Dir stilles häusliches Glück nicht geraubt werden und so viel Mufse bleiben, Dich mit immer höherer Bildung abzugeben", und am 1. August 1803 ihren Brief mit den Worten schliefst: „Adieu, guter Fritz! lafs uns immer besser werden."

Es waren aber auch andere Persönlichkeiten in Weimar, die einen solchen Prozefs der Selbstvervollkommnung an Goethes Seite durchmachten und unter ihnen kein geringerer als der Herr des Landes selber. Zu der edlen und berühmten Mutter und dem nicht minder edlen Sohne mit der schönen Menschlichkeit seines Wesens gesellt sich als würdiger Genosse der hochherzige Fürst Carl August.

Während Goethe die Erziehung des Lieblingssohnes Charlottens mit ganzer Liebe und Verantwortlichkeit übernahm, so dafs diese am 2. Juni 1783 ihrer kleinen Schwägerin schrieb: „Noch etwas, das mir sehr lieb ist. Goethe hat Fritz zu sich genommen und benimmt sich so verständig in seiner Erziehung, dafs man von ihm lernen kann", war er zugleich von pädagogischen Sorgen für seinen jungen fürstlichen Freund sehr in Anspruch genommen. — Wenn nun auch dieses Verhältnis mit den Bezügen des Mentors zum Schützling, des Freundes zum Freund, des Fürsten zum Dichter, des Dieners zum Herrn,[1] unter anderen als rein pädagogischen Gesichtspunkten aufzufassen ist, so treten diese doch nicht wenig hervor und es ist gewifs bemerkenswert, dafs Goethe bei Behandlung der Geschichte Bernhards von Weimar am 5. Juni 1780 Freund Lavater vertraut: „Sein und seiner Brüder Familienge-

---

1) Die Verschiedenheit der sich kreuzenden Gefühle Goethes zu dem jungen Herzog, die bald Liebe und Ehrfurcht, bald Freundschaft und Unterwürfigkeit widerspiegeln, drückt sich am klarsten aus in den leider sehr spärlichen Briefen der ersten Zeit, wie in demjenigen vom 25. März 1776 aus Leipzig, dessen Anfang und Ende lauten: „Lieber Herr, da bin ich nun in Leipzig, ist mir sonderbar worden beim Nähern; davon mündlich mehr . . . . . Ade l. gn. Herr! Und somit können Sie nie aufhören zu fühlen, dafs ich Sie lieb habe."

mälde interessiert mich noch am meisten, da ich ihren Urenkeln, in denen so manche Züge leibhaftig wiederkommen, so nahe bin." Schon die Motive, die Goethe nach Weimar führten, wurzelten in Bestrebungen, die mit den Erziehungsfragen der Zeit in engster Wechselwirkung standen. Alle Welt war damals von pädagogischen Gelüsten angewandelt —, dies Moment zu betonen, müssen wir hier abermals Veranlassung nehmen und fügen nur noch hinzu, dafs auch der junge Goethe, nachdem er in Leipzig bei Gellert, dem Hofmeister von ganz Deutschland sich gebildet hatte, durch Wielands „Goldenen Spiegel" in seinem Interesse neu angeregt und auch auf das durch Rousseau bereits gestreifte Gebiet der Prinzenerziehung hingewiesen wurde. Dieser war es, der dem Herzog Ludwig von Württemberg auf die Frage, wie man nach den Grundsätzen des „Émile" nicht nur Menschen, sondern auch Prinzen bilden könnte, am 10. November 1763 aus Moitiers-Travers seinen berühmten Brief schrieb:

„Si j'avois le malheur d'être né Prince, d'être enchaîné par les convenances de mon état; que je fusse contraint d'avoir un train, une suite des domestiques, c'est-à-dire, des maîtres; et que pourtant j'eusse une âme assez élevée pour vouloir être homme malgré mon rang, pour vouloir remplir les grands devoirs de père, de mari, de citoyen de la république humaine; je sentirois bientôt les difficultés de concilier tout cela, celle surtout d'élever mes enfans pour l'état où les plaça la nature, au dépit de celui qu'ils ont parmi leurs égaux. — Je commencerois donc par me dire: il ne faut pas vouloir des choses contradictoires; il ne faut pas vouloir être et n'être pas. La difficulté que je veux vaincre est inhérente à la chose, si l'étât de la chose ne peut changer, il faut que la difficulté reste ... Voilà ce que je me dirois, si j'étois Prince."[1]

Derselbe Prinz liefs seine fünfjährige Tochter als Emil erziehen und war der Bruder des Herzogs Friedrich Eugen von Württemberg, welcher Goethes Schwager Schlosser als Geheimsekretär und zugleich mit der Bestimmung zu sich entboten hatte, die Erziehung seiner Kinder mitzuberaten. — Goethes Teilnahme an dem Werke Wielands, welches ihm die Berufung als Prinzenerzieher einbrachte, war grofs, nicht wieder sein Verlangen im Geist der Zeit eines Friedrich und Joseph auf einen Fürsten zu wirken. Justus Mösers patriotische Phantasieen, welche ganz in die josephinische Richtung einschlugen, hatte er mit Begeisterung

---

[1] Dies der Wortlaut des Briefes, der von Merck falsch wiedergegeben wird, wenn er schreibt: „Erinnern Sie sich, mein Freund, der Geschichte mit Jean Jacques und einem deutschen Prinzen. Sie standen schon seit langer Zeit in Briefwechsel miteinander; unter andern Aufgaben, die der Prinz dem Philosophen vorlegte, war endlich auch diese: er möchte ihm die Grundsätze des Emil anwenden und zeigen, wie man nach ihnen nicht blofs Menschen, sondern auch Prinzen bilden könnte. J. J. antwortete: ‚Les princes n'ont pas besoin d'éducation' und der Brief fing so an: ‚Si j'étois assez malheureux pour être né Prince'" (vgl. Wagner, Briefe aus dem Freundeskreise von Goethe, Herder etc., Leipzig 1847). Die ersteren Worte enthielt Rousseaus Brief nicht.

gelesen, was Wunder, dafs er etwas von dem politisch-sozialen Thatendrang in sich fühlte, der, wenn er sich einen Schauplatz verschaffen wollte, nur einen Weg kannte, nämlich den, Freund eines Fürsten zu werden. Was einem Pombal in Portugal, einem Struensee in Dänemark gelungen war, das wurde zum Ziel des Strebens für manchen schwärmerischen Jüngling der Zeit, nicht zuletzt für Goethe. Auch in ihm waren die Ideeen der Gedankenfreiheit, der religiösen Toleranz, des Fortschritts emporgekeimt; auch über ihn hatte die Vorstellung Kraft gewonnen, die Körner, die in seinem und seiner Freunde Dasein reiften, müfsten auf einen weiten politischen Boden gesät, jene himmlischen Juwelen könnten in die Kronen der Fürsten gefafst werden.

„Wer sich in Fürsten weifs zu schicken,
Dem wird's heut oder morgen glücken."

Die Freunde, Lavater an der Spitze, der schreibt: „Goethe wäre ein herrliches, handelndes Wesen bei einem Fürsten. Dahin gehört er. Er könnte König sein. Er hat nicht nur Weisheit und Bonhomie, sondern auch Kraft" — bestärkten ihn in dieser Vorstellung und so sehen wir, nachdem am 11. Dezember 1774 bei Gelegenheit der Reise der beiden weimarischen Prinzen Carl August und Constantin durch Frankfurt die Beziehungen mit dem thüringischen Fürstenhaus angeknüpft und in Mainz die Gespräche über Mösers patriotische Phantasieen fortgesetzt waren, jene Fäden durch Knebel weiter gesponnen und in der Folge Goethe als Mentor von Wielands Zögling Carl August in Weimar,

Ohne uns auf die weitere Erörterung der begleitenden Umstände einzulassen, begnügen wir uns hier im Hinblick auf die Erziehungsziele, die dem Erzieher gegeben waren, daran zu erinnern, dafs Anna Amalia, die Seele des Hofes, die in ihrem neunzehnten Jahre bereits Witwe geworden, trotz der schweren Pflichten, die auf ihr lasteten, und trotz der Sorgen einer kriegsbewegten Zeit sich eine geistige Regsamkeit und seltene Lebenslust zu bewahren gewufst, in ihrem mächtigen Drang nach geistiger Anregung und Ausbildung ihrer Anlagen in dem gewöhnlichen Treiben des Hofes keine Befriedigung fand und in diesem Sinn auch die Erziehung ihrer Söhne Carl August und Constantin geleitet wissen wollte, denen sie in dem Grafen Görtz einen trefflichen Führer gab. Dieser hatte den Erbprinzen seinerseits 1762 aus den Händen des als Oberkonsistorialrat und Instruktor berufenen Theologen Johann Wilhelm Seidler aus Braunschweig überkommen, dessen etwas schlaffe Erziehung den selbstbewufsten fürstlichen Stolz des aufserordentlich lebhaften, geistig aufgeregten fünfjährigen Knaben nur zu sehr genährt, ohne das Herz genügend zu bilden, das allein an seiner Mutter mit Liebe hing (vgl. Düntzer, Charlotte v. Stein. I. 14). Görtz übernahm das schwere Amt, ihn mit Liebe gegen seine Mitmenschen und Gehorsam gegen Gott zu erfüllen. Der Prinz sollte zunächst in Demut inne werden, dafs er die Vorzüge seiner Stellung dem Glück und der göttlichen Vorsehung verdanke, dafs er vor allem das Gefühl für Recht wach halten, Schmeichelei und Ohrenbläserei als Pest der Fürsten meiden müsse, dafs die Förderung des Wohls der Unterthanen seine höchste Aufgabe sei. Diesen Zweck zu erreichen war nicht leicht. Es dauerte lange, ehe sich Görtz der Hoffnung hingeben durfte, den schroffen und wilden Sinn des sich und seinen Wert fühlenden jungen Herzogs zu besiegen. Noch im achten Jahr verzweifelte er fast an dem Gelingen seines Werkes, da sein Zögling sogar die Aufmerksamkeit verloren hatte und sich in wilder Äufserlichkeit gefiel. Erst mit dem neunten begann die entschiedene Umkehr. — Die Herzogin war über die nur ihr gegenüber sich erweichende Härte des Sohnes tief bekümmert, woran der ganze Hof, dem die Sache kein Geheimnis bleiben konnte, lebhaften Anteil nahm. Der ein Jahr jüngere, körperlich schwache Bruder war eine gefühlvolle Natur, der das Lernen und Auffassen des trockenen Lehrstoffes viel schwerer fiel, weshalb er von Carl August mit dem Stolz der Überlegenheit gemeistert wurde, zeigte jedoch viele Anlagen zur Musik, während der Erbprinz wenig Geschick und Lust dazu hatte, wogegen er in den Wissenschaften an Leichtigkeit der Auffassung dem Bruder weit überlegen war, und so rasche Fortschritte machte, dafs der Unterricht beider getrennt werden mufste. Die Konfirmation des Erbprinzen, der sich unterdessen zu allgemeiner Befriedigung herangebildet hatte, erfolgte 1771, und Ende August 1772 wurde der angesehenste Dichter der Zeit, der Verfasser des „Agathon" und der „Musarion", welcher sich durch seinen „Goldenen Spiegel" auch den Ruf eines Weltweisen erworben hatte, nach Weimar berufen, nachdem die Herzogin den Entschluſs gefaſst hatte, ihre Söhne eine Hochschule beziehen zu lassen. — Was aus jenem Anlaſs zwischen Anna Amalia und Wieland über Charakter-Anlage und Erziehung Carl Augusts in dem einschlägigen Briefwechsel niedergelegt ist, (vgl. von Beaulieu-Marconnay, Anna Amalia, C. August und der Minister von Fritsch s. 41 ff.), erscheint bedeutsam genug hier mitgeteilt zu werden. So urteilt Wieland: Der Prinz werde nicht leicht gerührt, die Eindrücke, die er empfange, zeigten sich wenig nach auſsen und es sei nicht leicht, seine Seele zu erschüttern. Es sei dies aber keineswegs etwa die Sucht sich über andere Sterbliche zu erheben, dieser Fehler hänge vielmehr mit groſsen Tugenden zusammen, einem hohen Grad von gesunder Vernunft, einer natürlichen Richtigkeit des Verstandes, Liebe zur Wahrheit, Widerwillen gegen die Schmeichelei, lauter Eigenschaften, die der Prinz im höchsten Maſse besäſse. Bei diesen vortrefflichen Anlagen, so schlieſst er sein Gutachten an die Herzogin, sei nur eines nötig: man möge aus ihm einen aufgeklärten Fürsten machen und er wolle für sein Herz einstehen. — Die letzte Bemerkung war für Anna Amalia, welche jene Härte in dem Charakter des Erbprinzen für ein groſses Laster überhaupt hielt, für ein doppeltes bei einem Regenten, die Hauptsache. Sie fühlt sich durch Wielands Meinung wesentlich beruhigt und schreibt an ihn: „Was ich für Härte genommen habe, ist vielleicht bei ihm eine gewisse, seltene Geistes- und Gemütsstärke; was man hofft, wünscht man leicht; bin ich nur darüber beruhigt, *dafs er ein gutes Herz hat, das ist doch die Hauptsache für jemanden, der zum Regieren bestimmt ist;* denn was seinen Verstand und sein Genie betrifft, kann ich mir schmeicheln, dafs mein Sohn vielleicht einer der ersten des Hauses ist, der die gehabt hat. Ich bin weit entfernt, meinem Sohn die niedrigen Laster beimessen zu wollen, die nur für gemeine Seelen existieren, ich meine Falschheit und Heuchelei, aber er ist doch noch weit entfernt von jener Offenheit, die man gewöhnlich bei Kindern seines Alters trifft; er versteht es nur zu gut zurückhaltend zu sein; irre ich nicht, so ist dies ein Mangel der Erziehung oder auch seine grofse Eigenliebe, die ihm nicht gestattet, so offen zu sein, wie es einem hochherzigen Menschen gebührt. Ich bezweifle nicht, wenn Sie ihn gründlich kennen lernen, werden Sie mir nicht ganz unrecht geben, und ich befürchte selbst, dafs dieser Fehler sehr schwer, vielleicht gar nicht zu verbessern sein wird; er hat bereits zu tief Wurzel geschlagen. Ich gestehe ihnen offen, dafs wenn ich noch einmal von vorn anzufangen hätte, ich meinen Kindern eine ganz andere Erziehung geben würde. Ihre gründliche Einsicht, die Sie mir über die weitere Behandlung dieser jungen Pflanze so gütig mit geteilt haben, soll mich leiten; das Glück meines Sohnes liegt mir so sehr am Herzen, um nicht auf alles einzugehen, was zur Erfüllung meiner Wünsche beitragen kann etc." — Noch ein andermal hatte sich Wieland sehr bemerkenswert über Carl August geäufsert: „Wenn ich den Erbprinzen richtig erkannt habe", heifst es in einem Brief an die Herzogin (s. 46 f.), „so wird er sich nicht leicht beherrschen und es wird jedem andern schwer werden, mit ihm auszukommen. Für ihn wird die Kunst des Denkens, diese einfache aber herrliche Philosophie, welche Antonine bildete, von einer unerläfslichen Notwendigkeit. Sein Geist wird nicht bei der Oberfläche der Gegenstände stehen bleiben und sich nicht leicht den Gründen fügen, die man anführt. Er wird selbst denken, prüfen, urteilen, handeln, regieren wollen; und da es doch etwas gefährlich sein würde, sich blofs auf die Natur und den Zufall zu verlassen, so wird man ihn lehren müssen gut zu denken, gut zu handeln, gut zu regieren. — — Sein von Natur grofser, thätiger, dem Wahren und Tüchtigen zugewandter Geist, der aber zugleich hastig, unlenksam, jähzornig ist, mufs notwendig gebildet, aufgeklärt und auf das wahre Gute gerichtet werden und zwar mit einer ganz besonderen Aufmerksamkeit und Geschicklichkeit. — — Nicht ein Lehrer der Philosophie, sondern ein Philosoph ist es, was er braucht." Anna Amalia hingegen fafst ihre Ansicht über ihren Sohn in nachstehenden Worten zusammen (s. 56 ff.): „Karls grofse Eigenliebe ist sein gröfster Feind; viel Eitelkeit und Ehrgeiz sind seine gröfsten Fehler, sein Urteil ist aufserordentlich gründlich, er hat ein edles Herz; — — Gott bewahre ihn vor grofsen Leidenschaften, sie werden bei ihm von der heftigsten Art sein; für das weibliche Geschlecht wird er deren nie haben, davor bewahrt ihn sein Naturell; er ist von grofser Standhaftigkeit, nichts kann ihn wankend machen. Das ist so ungefähr sein moralischer Charakter; mit dem physischen steht es nicht so gut etc." — Was sie an den Erziehern zu tadeln hat, spricht sie nicht minder offen aus. Da ist es zunächst die Nachgiebigkeit und Lauheit, wo es gilt die Wahrheit zu sagen, bei dem Grafen Görtz. Wieland nennt sie einen gefühlvollen Mann von ehrenwerter Gesinnung, aber auch einen schwachen Enthusiasten voll Eitelkeit und Eigenliebe, der für diese Stellung nicht geeignet sei. Er ist ihr zu schwärmerisch für junge Leute, zu schwach ihnen die Spitze zu bieten und zu unvorsichtig. In seiner Lebhaftigkeit habe er das Herz auf der Zunge. Er fehle mehr aus Schwachheit, als aus bösem Willen. Er habe wohl durch seine Schriften bewiesen, dafs er das menschliche Herz im allgemeinen kenne, das einzelne Herz und die Individuen kenne er nicht. Beide Männer hätten dem Prinzen geschmeichelt, während sie an diesem die Schwäche zu tadeln hat, dafs er sich zu sehr für die Personen einnehmen lasse, die er liebe; dafs er ein blindes Zutrauen in sie setze und alles wörtlich glaube, was dergleichen Leute ihm sagten; dafs er sich endlich auch einbilde, bei diesen Leuten sei Irrtum unmöglich. Dazu kämen Zuträgereien etc. etc.

So also erscheint Carl August und seine Erziehung im Urteil aller Eingeweihten und Näherstehenden, wozu u. a. auch der Minister Fritsch gehörte, der an dem Erbprinzen den unbeugsamen Charakter und einen durchdringenden Verstand hervorhebt. Wenn wir noch hinzufügen, dafs auch nach dem Regierungsantritt des jungen Fürsten am 3. September 1775, dem bald darauf die Vermählung folgte, eine erhebliche Änderung in seinem Wesen nicht vor sich ging, dafs sein mächtiger Trieb nach persönlicher Bethätigung, nach vollem Genufs des ganzen Daseins, sein Drang „sich göttlich in seinem Selbst und im Erhabenen der Natur zu baden", wie er einmal jenes Gefühl bezeichnete, sich mit dem leeren Schein steifen Hoflebens nicht begnügen konnte, so dürfte den Zwecken unserer Darstellung genügt sein. — In diese Atmosphäre trat nun der sechsundzwanzigjährige Goethe zunächst als Freund des Fürsten, selbst voll überschäumender Lebenslust und mit allen Vorzügen ausgestattet, der Dichter des Götz und Werther, der geniale, liebenswürdige Jüngling. Der Eindruck, den er hervorrief, war ein aufserordentlicher. „Wie ein Stern ging er unter uns auf", sagt Knebel; die ganze weimarische Gesellschaft war von seiner Erscheinung bezaubert, von solcher Vereinigung physischer und geistiger Schönheit, wie sie noch nie erblickt war, überwältigt und hingerissen; seinem Einflufs konnte sich niemand entziehen. Goethe wurde Tonangeber an dem kleinen Hof, der Wertherfrack, in dem er auftrat, wurde Hoftracht und selbst der Herzog legte ihn an. Bei diesen zunächst rein äufserlichen Wirkungen verblieb es aber nicht. Obschon sich Goethe mit ganzem Herzen in das Leben des Hofes hineingestürzt hatte, wo Festlichkeiten auf Festlichkeiten folgten, wo Jagden, Ausflüge, Bälle, Maskeraden, Schlittenpartieen, Eisfahrten etc. sich drängten, die Ausgelassenheit und der gute Humor das Scepter allenthalben führten,[1] und obwohl bei diesem titanischen Drang die Excentrizitäten nicht ganz ausblieben, so schützte doch des Herzogs edler Sinn und des Freundes Genialität hinlänglich vor Ausartung und wüster Genufssucht. Goethe brachte in die Unterhaltung und Lustbarkeiten des Hofes aufser der Frische und Gesundheit zugleich tieferen, geistigen Gehalt und hieraus erwuchs für den Herzog ein nicht zu unterschätzender, ästhetischer und moralischer Gewinn, wie jener mit grofser Genugthuung beobachtete. Seine Lage war überhaupt die glücklichste, die sich menschliche Einbildung zu wünschen wagte. Dafür genofs er aber auch „alle Zulagen, die das Schicksal an seine Gaben anzuhäkeln pflegt." Zuweilen fühlt er sich in dem rauschenden Gewühl des Hoflebens sehr beklommen; er sehnt sich hinaus. „Wilde Gegenden und einfache Menschen aufzusuchen", geht er über Jena nach Waldeck, wie er Lavater berichtet, und als er in den Fichten bei natürlichen guten Menschen liegt, da ist's ihm wieder wohl. — Schwerer noch drückten Neid und Mifsgunst auf ihn. Wurde doch die Unzufriedenheit, die sich über seine einflufsreiche Stellung in gewissen Kreisen geltend machte, so grofs, dafs der

---

[1] „Wir machen des Teufels Zeug.... Es geht mit uns allen gut, denn was schlimm ist, lafs ich mich nicht anfechten. Den Hof habe ich nun probiert, nun will ich auch das Regiment probieren und so immerfort. Ich bin gesund, bis auf den Einflufs des fatalen Wetters, streife was ehrliches in Thüringen herum und kenne schon ein brav Fleck davon. Das macht mir auch Spafs, ein Land so auswendig zu lernen", an Merck, den 8. März 1776.

Herzog es für nötig befand, eine besondere, sein Verhalten rechtfertigende Erklärung zu den Akten zu geben, und Goethe schrieb am 27. Juli 1776 an Merck: „Habe mich immer lieb, glaub, daſs ich mir immer gleich bin. Freilich hab ich was auszustehen gehabt; dadurch bin ich nun ganz in mich gekehrt. Der Herzog ist ebenso, daran denn die Welt keine Freude erlebt. Wir halten zusammen und gehen unseren eigenen Weg, stofsen so freilich allen Schlimmen, Mittelmäſsigen und Guten für'n Kopf." — War es ein Wunder, daſs zwei völlig kongeniale Geister, die ebensowenig Gefahr, Mühe und Beschwerden scheuten, als sie der Lust und dem Scherz aus dem Weg gingen, die beide gleich naturwüchsig das Schloſs mit all seinen dienstbaren Geistern in Samt und Seide gegen eine Köhlerhütte vertauschten, um nach Carl Augusts Ausdruck mit freier Brust und Herzen die liebe Sonne auf und unter gehen zu sehn —, Miſsdeutungen ausgesetzt waren, daſs namentlich der junge Herzog, den Christian Stollberg einen herrlichen, goldenen, vielversprechenden Jungen genannt hatte, von Personen, die Merck allerdings nicht gerade respektvoll „Esel" tituliert, zu einem schwachen Menschen gebrandmarkt wurde? — Goethes mephistophelischer Freund, auf den der junge Fürst den Eindruck nicht verfehlte, kann auch sonst nicht umhin, gegen Verunglimpfungen desselben lebhaft zu protestieren: „Der Herzog ist, man mag sagen, was man will, ein trefflicher Mensch und *wird's in Gesellschaft Goethes noch mehr werden;* alles was man ausspricht, sind Lügen der Hofschranzen." — Und er sollte recht behalten mit diesen seinen Prophezeihungen. Goethes Einfluſs zeigt sich oft da, wo man es nicht hatte vermuten können. Wer dachte z. B. daran, daſs, während der Herzog in Ilmenau auf Hirsche und Goethe auf Landschaften ausging, Berührungen zwischen beiden anf rein geistigem Gebiet stattfinden würden, daſs der zeichnende Goethe, der sein Portefeuille überall mit sich führte, auf den Herzog, der tiefes Gefühl für gewisse Naturscenen, z. B. den Sonnenuntergang hatte, anregend und befruchtend einwirken würde? — Dort in dem schönen entfernten Winkel des Landes, mit seinen ergiebigen Jagdgründen, mit seinem Bergwerk, das eine so groſse Bedeutung für Goethes praktische Wirksamkeit und sein ganzes Leben gewinnen sollte, wurde nicht nur dem edlen Weidwerk obgelegen, es handelte sich zunächst auch nicht um technischen Betrieb oder um Steinkohle und Braunstein —, in der Einsamkeit des anmutigen Thales wurden ethische Bande geknüpft, wovon der Dichter selber Zeugnis ablegt, indem er an Lavater schreibt: „Hier ein paar Zeilen meines Gefühls auf dem Thüringer Walde, geschrieben den 3. August 1776 morgens unter dem Zeichnen:

Dem Schicksal.[1]
„Was weiſs ich, was mir hier gefällt,
In dieser engen, kleinen Welt
Mit leisem Zauberband mich hält!
Mein Karl und ich vergessen hier,

---

1) Mit bedeutenden Abänderungen unter der Überschrift „Einschränkung" W. I. 65.

Wie seltsam uns ein tiefes Schicksal leitet,
Und ach! ich fühl's, im stillen werden wir
Zu neuen Scenen vorbereitet.
Du hast uns lieb, Du gabst uns das Gefühl:
Dafs ohne Dich wir nur vergebens sinnen,
Durch Ungeduld und glaubenleer Gewühl
Voreilig Dir niemals was abgewinnen.
Du hast für uns das rechte Mafs getroffen
In reine Dumpfheit uns gehüllt,
Dafs wir, von Lebenskraft erfüllt,
In heller Gegenwart der lieben Zukunft hoffen."

In der Folge sehen wir das Verhältnis einen noch intimeren Charakter annehmen — wir erinnern nur an das Du und Du, das Schlafen in des Herzogs Zimmer — ohne dafs die geistigen Interessen dadurch verkürzt worden wären. „Hab mit dem Herzog viele und gute Unterredung über innere und äufsere Gegenstände, Theater, Kunst u. s. w.", hören wir da, oder er schildert uns, wie er sich mit Carl August, dessen Gefühl an Kunstsachen sich rasch aufschliefst, an einer Sendung Kupferstiche, die von Merck kommt, ergötzt und den Grund zu einer Liebhaberei des Fürsten legt. Das Allerlei des Lebens, Verdrufs, Hoffnung, Liebe, Arbeit, Not, Abenteuer, Flaches und Tiefes, wie die Würfel fallen, geht im ganzen unverändert fort. „Goethe ist bald da, bald dort", schreibt Wieland an Merck, und wollte Gott, er könnte wie Gott allenthalben sein" und ein andermal: „Goethe ist immer der nämliche, immer wirksam, uns alle glücklich zu machen oder glücklich zu erhalten, und wird selbst nur durch Teilnahme glücklich." — Nach allem zersplitternden Treiben, das im Jahr 1777 fortdauert,[1] folgt wohl auch ein grofsenteils im ruhigen und stillen Lebensgenufs hinfliefsendes Vierteljahr. Dann beschäftigt er sich im Garten, spielt Ball mit den Kindern und im Februar 1778 kommen Stunden und Tage, wo er sich in „immer gleicher, fast zu reiner Stimmung" befindet, über sich selbst und den Herzog „schöne Aufklärung" gewinnt, wo Stille eintritt und „Vorahndung der Weisheit", immer fortwährende Freude in Wirtschaft, Ersparnis, Auskommen, schöne Ruhe in seinem Hauswesen, bestimmteres Gefühl der Einschränkung und dadurch der wah-

---

1) „Morgens Schweinehetze, nachmittags Theaterproben, abends fratzenhafte Ständchen, Schlittenfahrten mit Fackeln, extemporierte Komödien in Ettersburg, allerlei Tollheiten, Tanz, Konzerte, Redouten etc." so lautet eine Schilderung aus diesem Jahr, während er für die Tage vom 26. Mai bis 26. August 1780 folgendes zu verzeichnen hat: Theaterproben, Reisen nach Gotha, mineralogische Beschäftigung, Dekorationsmalerei, Wirtschaftseinrichtung des Prinzen Constantin, Feuerspritzenprobe, des Herzogs Vorbereitung und Aufnahme in die Freimaurerloge, physikalische Versuche mit dem Elektrophor zu Ettersburg, zu verschiedenen Tagen in promptu wiederholtes Diktieren an den „Vögeln" und deren erste Aufführung am 18. August; Feuersbrünste erst in Grofsrembach (wobei sich Goethe durch persönliche, lebensgefährliche Thätigkeit auszeichnet, wie schon 1776 in Hockeroda), dann in der Stadt Ilm, in Apolda und Lobeda; Fahrten zum Bergsturz bei Kahla, herrschaftlicher Besuch und Diner in Jena; Lust und Leben in Ettersburg, Aufführung von „Jery und Bätely;" Besuch von benachbarten Herrschaften, von Freunden als Leisewitz, Schröder und Gotter, zuletzt der Marquise Branconi.

ren Ausbreitung, fortdauernde reine Entfremdung von den Menschen, Stille und Bestimmtheit im Leben und Handeln. Dafs diese Sammlung seines Geistes und Festigung seines Wesens auch auf den Herzog zurückwirken mufste, war nur natürlich. Der allzeit fertige Berichterstatter Wieland meldet denn auch an Merck nach der Berliner Reise des Herzogs und Goethes (1778): „Alle Lande, wo sie gewesen, sind ihres Ruhmes voll. Im ganzen Ernst: zu Leipzig, zu Dessau, zu Berlin ist alle Welt von unserem Herzog eingenommen. *Das hat Bruder Wolfgang wohl hübsch gemacht!*" und einige Tage später, nachdem er von dem Fürsten empfangen worden war: „Sein Anschauen war mir eine rechte Herzstärkung, so gesund und kräftig sah er aus und so edel, gut, bieder und fürstlich zugleich fand ich ihn im Ganzen seines Wesens. Ich werde je länger, je mehr überzeugt, *dafs ihn Goethe recht geführt und dafs er am Ende vor Gott und der Welt Ehre von seiner sogenannten Favoritenschaft haben wird.*" Allerdings, meint Riemer, glichen Wielands Schwüre und Beteuerungen denen der Verliebten, deren Falschheit und Bruch Jupiter nicht ahndet, und fügt hinzu: Der Prophet müsse wieder einmal segnen, da er bald wieder zu verwünschen und zu verzweifeln geneigt sein werde. — Es stehen uns aber noch andere, darunter Goethes eigene Zeugnisse über des jungen Regenten Eigenart und ihr beiderseitiges Verhältnis zu Gebote (vgl. Düntzer, Goethe und Carl August während der ersten 15 Jahre ihrer Verbindung), woraus wir nur die wichtigsten hervorheben.

„Der Herzog", heifst es im Tagebuch, „immer sich entwickelnd, und wenn sich's bei ihm wirklich aufschliefst, kracht's, und das nehmen die Leute immer übel auf", und weiter: „Gespräch mit ihm über Ordnung, Polizei und Gesetze. Verschiedene Vorstellungen. Meine darf ich nicht mit Worten ausdrücken, sie wäre leicht mifsverstanden und dann gefährlich. Indem man unverbesserliche Übel an Menschen und Umständen verbessern will, verliert man die Zeit und verdirbt noch mehr; anstatt dafs man diese Mängel annehmen sollte, gleichsam als Grundstoff, und nachher suchen diese zu contrebalancieren. Das schönste Gefühl des Ideals wäre, wenn man immer rein fühlte, warum man's nicht erreichen kann." — Die Beschwerden, deren täglich neue entstehen, wenn er eine gehoben zu haben glaubt, gänzlich zu beseitigen, getraut er sich zwar nicht, wohl aber darf er sich (1779) über des Herzogs Wachsen in der Vorstellung der Dinge, sein Interesse an den Sachen und seine wahre Erkenntnis von Herzen freuen. Er sei bald über die grofse Krisis hinweg und gebe ihm schöne Hoffnung, dafs er auch auf diesen Fels hinaufkommen und eine Weile in der Ebene wandeln werde. — Die Schweizerreise dieses Jahres ruft die Bemerkung Wielands hervor, dafs Goethe als ein guter Spieler das Spiel glänzend gewonnen habe. Wenn auch alle Elemente und wettermachenden Götter das Geschick derselben mit in den Händen gehabt, so bleibe doch sein Verdienst kein geringes. Der Herzog sei bei gutem Wohlbefinden in vortrefflicher Stimmung zurückgekommen, multum mutatus ab illo.

Die zum Teil zu Fuſs gemachten Wanderungen hätten Körper und Geist der Reisenden gestärkt, die Gesundheit befestigt, und so könne man nach allen Richtungen mit der Reise zufrieden sein, nur stehe zu befürchten, daſs die weimarische Atmosphäre manches wieder verderben werde. — Das aufrichtige Lob, das Goethe dem jungen Fürsten bei mehreren Gelegenheiten im Laufe des Jahres 1780 spendet, straft diese Befürchtungen, die auch die Herzogin teilte, Lügen; es spricht vielmehr für die günstigen Veränderungen, die weiter mit Carl August vorgehen, für den Ernst, mit dem er sich die Regierungsgeschäfte angelegen sein lieſs, und für sein Wachstum in allen fürstlichen Tugenden. „Der Herzog ist wohl und wir führen unsere Sachen getreulich und ordentlich weiter", hören wir jetzt, oder: „Der Herzog wird täglich besser, nur ist's ein Übel, daſs ein Prinz, der etwas angreifen will, nie in die Gelegenheit kommt, die Dinge im Alltagsgang von unten auf zu sehen. Er kommt auch manchmal dazu, sieht, wo es fehlt, aber wie ihm helfen? Über die Mittel macht man sich klare Begriffe, wie man glaubt, und es sind doch nur allgemeine", und ferner: „Der Herzog ist sehr gut und brav. Wenn ich nur noch einigen Raum für ihn von den Göttern erhalten kann! Die Fesseln, an denen uns die Geister führen, liegen ihm an einigen Gliedern gar zu enge an, da er an andern die schönste Freiheit hat." — Diese seine innersten Gedanken enthüllt er Lavater, demselben Freund, dem er am 28. Oktober 1779 geschrieben hatte: „Vom Herzog sag ich Dir nichts voraus.

Noch haben ihn die gescheitesten Leute falsch beurteilt. Du sollst ihm das Haupt salben wie mit köstlichem Balsam und ich will mich mit Dir im stillen über ihn freuen; denn weil Gott aufser der Sonne und dem Monde und den ewigen Sternen, lafs ich neuerdings niemand zu Zeugen des, was mich freut oder ärgert." — So war denn abermals der 28. August herangekommen, ein Tag, den Goethe auch diesmal benutzte, das Fazit seines Lebens und Wirkens zu ziehen, und wenn er sich auch eingestehen mufs, dafs es an manchen Ecken noch fehle, dafs das Jahr 1780 nicht alles Erstrebte zu stande gebracht, so ersieht er doch bald darauf bei Gelegenheit eines ausführlicheren Gesprächs mit dem Herzog über moralische Verhältnisse zu seiner gröfsten Genugthuung, wie dieser sich klar und kräftig zeigt. Es folgt wiederum die gewohnte Reise ins Oberland, und als er im Oktober zurückgekehrt am Tasso zu schreiben fortfährt und seinen Amtsgeschäften fleifsig nachgeht, mufs er gestehen, dafs der Herzog sein „bester Trost" sei. — Das Jahr 1781 bringt den denkwürdigen Brief des Dichters an seine Mutter, worin er alle ihre und der Freunde Befürchtungen (vgl. Gedicht „Seefahrt" W. I. 159) über seine Lage zurückweist und u. a. schreibt: „Unverantwortlich wäre es auch gegen mich selbst, wenn ich zu einer Zeit, da die gepflanzten Bäume zu wachsen anfangen, und da man hoffen kann, bei der Ernte das Unkraut von dem Weizen zu sondern, aus irgend einer Unbehaglichkeit davonginge und mich selbst um Schatten, Früchte und Ernte bringen wollte." — Solche Früchte reiften im folgenden Jahr für den Herzog am Baume der Kunst, der Goethe sein lebhaftes Interesse zugewandt. Er hatte an Kupferstichen und Handzeichnungen zusammengebracht, was seinem Sinn und Geschmack entsprach, und auch in dem Herzog bereits so viel Neigung und Liebe zu Kunstgegenständen angeregt und zu unterhalten gewufst, dafs dieser ebenfalls fortfuhr, seine Sammlungen zu vermehren. Als sie dann der Dresdener Bildergallerie einen gemeinsamen Besuch abstatteten, wobei Carl August einen grofsen Eindruck mit hinwegnahm und es hiefs, er habe namentlich Rafael „auf eine ganz neue, eigentümliche, zugleich so viel tiefes Gemüt als erhabene Phantasie und technisches Urteil bekundende Weise" beschrieben, konnte man nicht umhin, auch auf diesem Gebiet des Dichters Verdienste anzuerkennen. — Einen Höhepunkt weimarischer Zustände überhaupt, und des Verhältnisses zwischen Goethe und Carl August im besonderen bildete das Jahr 1783. Die glücklich erfolgte Geburt eines sehnlichst erwarteten Erbprinzen bildete ein beschwichtigendes Moment in den bisherigen Schwingungen. Die Betrachtung seiner neuen Freuden und Pflichten hatte den günstigsten Einflufs auf den Herzog, der in einem Dankbrief auf Mercks Glückwunschschreiben sagt: „Sie haben recht, wenn Sie sich mit mir freuen: denn wenn je gute Anlagen in meinem Wesen waren, so konnte sich, Verhältnisse halber, bis jetzt kein sicherer Punkt finden, wo sie zu verbinden waren; nun aber ist ein fester Haken eingeschlagen, an welchem ich meine Bilder aufhängen kann. Mit Hilfe

Goethens und des guten Glücks will ich sie so ausmalen, daſs womöglich die Nachkommenschaft sagen soll: ed egli fu pittore. Wünschen Sie mir Glück zu diesem Vorhaben etc." — Nach seinem Geburtstag, an welchem die weimarischen Freunde und Guten „gar artig und lieb" waren und ihm viel Freundliches bezeigten, begiebt sich Goethe nach Ilmenau. Hier in der Stille des geliebten Thales und seines immergrünen Haines, die sein Gemüt stets aufgeschlossen, drängt es ihn, dem Fürsten, von dem des Landes und sein eigenes Wohl abhing, zu seinem Geburtstag aus voller Seele Glück zu wünschen, und so entstand das Gedicht „Ilmenau", jenes herrliche Denkmal seines einzigen Verhältnisses[1] zu Carl August, worin er uns

---

1) Nur noch ein Beispiel wüſsten wir diesem an die Seite zu stellen, Ludwig II. von Bayern und Wagner, besonders treffend gekennzeichnet in den Briefen des letzteren an Eliza Wille (Deutsche Rundschau, März 1887), wo es zum 26. Mai 1864 (aus Starnberg) heiſst: „Damals (in der Zeit der höchsten Not) wohnte der 15jährige Jüngling zuerst einer Aufführung des Lohengrin bei, die ihn so tief ergriff, daſs er seitdem aus dem Studium meiner Werke und Schriften seine Selbsterziehung in der Weise bildete, daſs er seiner Umgebung wie mir offen eingesteht, ich sei sein eigentlicher Erzieher und Lehrer gewesen." In demselben Brief heiſst es: „Ach! endlich ein Liebesverhältnis, das keine Leiden und Qualen mit sich führt! Wie mir es ist, diesen herrlichen Jüngling vor mir zu haben! Zu meinem Geburtstag schenkte er mir das schöne Ölporträt, zu dem er eigens für mich gesessen. Dies wundervolle Bild belehrt mich, nun auch anderen zur Evidenz zu zeigen, daſs ich „Genie" habe: Da blickt hin, hier habt ihr mit Augen meinen Genius vor Euch! — Er ist sich ganz

zugleich Andeutungen über die Art und Weise der Führung des fürstlichen Freundes niedergelegt hat.

bewußt, wer ich bin und wessen ich bedarf: nicht ein Wort hatte ich wegen meiner Stellung zu verlieren. Er fühlt, eine Königsmacht müsse wohl dazu genügen, jedes Gemeine fern von mir zu halten, mich ganz meiner Muse zu übergeben und jedes Mittel herbeizuschaffen, meine Werke aufzuführen, wann und wie ich es wünsche. Er hält sich jetzt meistens hier in einem kleinen Schloß in meiner Nähe auf; in zehn Minuten führt mich der Wagen zu ihm. Täglich schickt er ein- oder zweimal. Ich fliege dann immer wie zur Geliebten. Es ist ein hinreißender Umgang. Dieser Drang nach Belehrung, dies Erfassen, dies Erbeben und Erglühen ist mir nie so rückhaltslos schön zu teil geworden. Und dann diese liebliche Sorge um mich, diese reizende Keuschheit des Herzens, jeder Miene, wenn er mir sein Glück versichert, mich zu besitzen: so sitzen wir oft Stunden da, einer in dem Anblick des andern verloren. — Allmählich wird mich alles lieben; schon die nächste Umgebung des jungen Königs ist glücklich darüber, mich so zu finden und zu wissen, weil jeder sieht, mein ungeheurer Einfluß auf das Gemüt des Fürsten kann nur zum Heil, niemand zum Nachteil ausschlagen. *So wird täglich in und um uns alles schöner und besser.*" — Der Parallelen sind noch mehrere, wie der Brief vom 26. Februar 1865 beweist, wo Wagner von der wunderbaren, tiefen, fatalistischen Neigung des Königs zu ihm und den Umtrieben spricht, denen er von seiten der Umgebung ausgesetzt sei. Auch er wird da, wo er Ruhe und Arbeitsmuße sucht, in Verantwortlichkeit verwickelt. Das Heil eines „himmlisch begabten Menschen", vielleicht das Wohl eines ganzen Landes sieht er in seine Hände gelegt: „Wie noch Künstler sein wollen? Ihm fehlt jeder Mann, der ihm nötig wäre!" — „Gott, wenn der gedeiht und gerät! dann endlich hat die deutsche Nation einmal das Vorbild, dessen sie bedarf — ein anderes als Friedrich II." (Brief vom 31. April 1865.)

Wohl waren es düstere Erwägungen, die ihn die Frage aufwerfen liefsen:

„Wer kennt sich selbst, wer weifs, was er vermag?
Hat nie der Mutige Verwegnes unternommen?" —

Aber hoffnungsfreudig blickt er in die Zukunft, im festen Vertrauen auf die gute Natur des Herzogs:

„Ein edles Herz, vom Wege der Natur
Durch enges Schicksal abgeleitet,
Das ahnungsvoll, nun auf der rechten Spur
Bald mit sich selbst und bald mit Zauberschatten streitet,
Und was ihm das Geschick durch die Geburt geschenkt,
Mit Müh' und Schweifs erst zu erringen denkt."

So stellt sich dem Dichter eine Entwickelung dar, der es nicht so leicht werden sollte, zu jener freien Menschlichkeit hindurch zu dringen, die ihm auch als das Ideal der Fürsten-Erziehung vorschwebt. Denn während er nach Eckermanns Ausdruck vor blofser Fürstlichkeit als solcher nie viel Respekt hatte, wenn nicht zugleich eine tüchtige Menschennatur und ein tüchtiger Menschenwert dahintersteckte[1] (vgl. Gespräch vom 26. Sept. 1827) und sein Wahlspruch lautete:

„Selbst ist der Mann! Wer Thron und Kron' begehrt,
Persönlich sei er solcher Ehren wert."

---

1) So kehrt Goethe fürstlichen Personen gegenüber das rein Menschliche überall hervor. Das mochte wohl auch in Weimar angehen, anderwärts aber, z. B. in Gotha, bekam es ihm übel. Dafs er dort schlecht angeschrieben stand, hatte, wie Eckermann berichtet, seinen Grund darin, dafs er die beiden Prinzen wie gewöhnliche Knaben behandelte. Vgl. die dort erzählte Episode.

mufste er an dem Herzog beobachten, wie er sich der Phantome und Zauberschatten nur mit Mühe erwehrte, wie seine „Herzoglichkeit" der natürlichen, schön menschlichen Entwickelung entgegen stand und wie er die rechte Bahn, die er oft nur ahnte, erst durch manchen Kampf mit sich selbst gewann. In solche Selbstläuterung aber einzugreifen, wäre ein schwerer pädagogischer Fehler gewesen:

> „Wer kann der Raupe, die am Zweige kriecht,
> Von ihrem künft'gen Futter sprechen?
> Und wer der Puppe, die am Boden liegt,
> Die zarte Schale helfen durchzubrechen?"

Noch mitten in einem Gärungsprozefs befangen, sollte der Herzog, dem bei tiefer Neigung für das Wahre der Irrtum eine Leidenschaft war, aus eigener Seele die volle Entwickelung gewinnen. „Herrschaft wird niemand angeboren und der sie ererbte, mufs sie so bitter gewinnen als der Eroberer, wenn er sie haben will, und bitterer", hatte Goethe an Lavater geschrieben. Er wufste, dafs hier kein Zuspruch helfen, keine Mahnung das Ungestüm mäfsigen würde. Die Hofmeister junger Fürsten, die er kennt, vergleicht er vielmehr Leuten, denen der Lauf eines Bachs in einem Thal anvertraut ist, und denen es nur darum zu thun ist, dafs in dem Raum, welchen sie zu verantworten haben, alles fein stille zugehe. „Sie ziehen Dämme quer vor und stemmen das Wasser zurück, zu einem feinen Teiche; wird der Knabe majorenn erklärt, so giebt's einen Durchbruch und das Wasser schiefst mit Gewalt und Schaden seinen Weg weiter und führt

Steine und Schlamm mit fort. Man sollte Wunder denken, was es für ein Strom wäre, bis zuletzt der Vorrat ausfliefst und ein jeder zum Bach wird, grofs oder klein, hell oder trüb, wie ihn die Natur hat werden lassen, und er seines gemeinen Weges fortfliefst." (Vgl. Brief an Frau v. Stein vom 9. April 1782.)

Nachdem Goethe also dem fürstlichen Jüngling im Anfang seines weimarischen Aufenthalts gelegentlich eine Lektion gegeben hatte,[1] aber ohne Aussicht auf eine nachhaltige Wirkung und nachdem er mit seinen ernsten Mahnungen kein besseres Glück gehabt, sehen wir ihn in richtiger Erkenntnis des Wesens Carl Augusts, von dem der Minister von Fritsch geurteilt: er vertrage Rat und Gutachten von seiner Mutter, aber nichts was diesen Charakter nicht an sich trage —, öfters auf den Ausdruck der eigenen Meinung verzichten und ein Verfahren anwenden, das er dem Philosophen von Genf abgelauscht hatte. Er wird für Carl August der spiritus rector, der ihn an unsichtbaren Fäden führt, wie der Abbé seinen Zögling Wilhelm Meister und diese unsichtbaren Fäden heifsen höhere Interessen. Hier durfte er seines Erfolgs gewifs sein. Umfasste doch des

---

1) Hiernach hab' ich noch eine Lektion für Sie! Da ich so auf dem Weg über Ihre allzugrofse Hitze bei solchen Gelegenheiten dachte, dadurch Sie immer im Fall sind, wo nicht was Unrechtes, doch was Unnötiges zu thun und Ihre eigenen Kräfte vergebens anzuflammen.... Seyen Sie hübsch ruhig, so viel's sein kann, leben Sie als homme de lettres und Privatmann; schonen Sie die Hüfte bei dem Wetter."
(Aus Ilmenau Mai 1776.)

Herzogs aufserordentlicher Geist das ganze Reich der Natur, Physik, Astronomie, Geognosie, Meteorologie, Pflanzen- und Tierformen der Urwelt etc. und Goethe bezeugt selber, dafs er für alles Interesse gehabt: „Er war 18 Jahre alt, als ich nach Weimar kam, aber schon damals zeigten seine Keime und Knospen, was einst der Baum sein würde. *Er schlofs sich bald auf das innigste an mich an und nahm an allem, was ich trieb, gründlichen Anteil.* Dafs ich fast zehn Jahre älter war als er, kam unserm Verhältnis zu gute. Er safs ganze Abende bei mir in tiefen Gesprächen über Gegenstände der Kunst und Natur und was sonst allerlei Gutes vorkam. Wir safsen oft tief in die Nacht hinein, und es war nicht selten, dafs wir nebeneinander auf meinem Sofa einschliefen. Fünfzig Jahre lang haben wir es miteinander fortgetrieben und es wäre kein Wunder, wenn wir es endlich zu etwas gebracht hätten." (Vgl. Eckermann III 180.)

Es waren grofse Zwecke und hohe Ziele, die Goethe mit seinem fürstlichen Freunde verfolgte. Weit entfernt, Rousseaus teleologische Grundsätze zu den seinigen zu machen, der nach der Darstellung des „Émile" einen fürstlichen Jüngling so erzogen haben würde, dafs er nicht mehr Fürst habe sein wollen, erklärt er die Worte: „Si j'avais le malheur être né prince" vielmehr für eine Phrase und kennt für den Edlen kein höheres Glück, als einem Fürsten, den man ehrt, zu dienen. Obwohl ihm die Stelle aus dem „Émile": „Tais toi, Jean Jaques, ils ne te comprendront point!" immer sehr merkwürdig war, kann er doch nicht umhin,

Rousseaus hypochondrischen Jammer zu beklagen,[1] und das war bei der Lebensauffassung des Dichters, der die Welt heiterer ansah, als der Einsiedler von Montmorency, wie Frau von Stein meint, sogar lustig,[2] nur natürlich. Jener Spinozismus und ethische Optimismus, auf welchen der Vater des modernen Pessimismus ironisch mit den Worten anspielt: „saute marquis! semper lustig, numquam traurig!" —, jenes Streben, die Welt durch Welt- und Gotteserkenntnis zu überwinden, heifst ihn das „memento vivere" auch dem Fürsten als leitenden Gesichtspunkt für das Erdendasein empfehlen und die Welt als den Tummelplatz hinstellen, auf dem es gilt sich zu rühren und alle diejenigen Eigenschaften, Fertigkeiten und Fähigkeiten sich anzueignen, die der Herrscherberuf voraussetzt. — Seine eigene Mentorschaft mochte ihm lebhaft vor die Seele treten, als er zum Buch des Kabus an Diez die Verse richtet:

„Wie man mit Vorsicht auf der Erde wandelt,
Es sei bergauf, es sei hinab vom Thron,
Und wie man Menschen, wie man Pferde handelt,
Das alles lehrt der König seinen Sohn."

1) „Manchmal gedenke ich Rousseaus und seines hypochondrischen Jammers und doch wird mir begreiflich, wie eine so schöne Organisation verschoben werden konnte."
Neapel, den 17. März 1787.

2) Vgl. ihren Brief vom 9. April 1797 an Lottchen Schiller, die Goethes heiterer Ansicht gedacht hatte, während die ehemalige Freundin in ihrer Gereiztheit urteilt, er habe sich über Dinge, die ihn sonst gequält, gründlich zur Ruhe gesetzt. Dabei habe er eine gute Gesundheit und mehr Fleisch im Topf als der arme Rousseau, um sich gute Bouillons kochen zu lassen.

Es ist wohl auch nicht zufällig, dafs er gerade den Abschnitt über die körperliche Erziehung im Auszug wiedergiebt. Jenes königliche Buch[1] orientalischer Weisheit, von dem wir wissen, dafs es Goethes höchstes Interesse erregte, ist von einem königlichen Vater zum Unterricht für seinen Sohn verfafst. Als fünfundsiebzigjähriger Greis und angesichts des Todes unternimmt es Kjekjawus, die wichtigsten Lehren für den im männlichen Alter stehenden Thronfolger in einem Buch zusammenzufassen, nachdem er ihn von den Knabenjahren an mündlich unterwiesen. Die früheste Bildung, welche Kjekjawus seinem Sohn gegeben, ist gänzlich übergangen und nur das Endresultat alles Unterrichts, die Erziehungswissenschaft, wie sie sich für männliche Jahre, etwa für ein 25jähriges Alter ziemt, im Buch des Kabus niedergelegt, damit der Prinz als Mann und selbst als Greis zu allen Zeiten darin eine Richtschnur für sein Leben und für alle künftigen Schicksale antreffen möge. — So stofsen wir auf Kapitel, die von dem Verhalten gegen die Feinde, von der Arznei- und Regierungskunst, von allerlei männlichen Geschäften und grofsen Angelegenheiten handeln. Goethe, der dem Buch viele Zeit widmet und seinen Inhalt in Kapitelüberschriften andeutet, da-

---

[1] Der volle Titel lautet bei Diez: „Buch des Kabus oder Lehren des persischen Königs Kjekjawus für seinen Sohn Gilan Schach. Ein Werk für alle Zeitalter aus dem Türkisch-Persisch-Arabischen übersetzt und durch Abhandlungen und Anmerkungen erläutert von Heinrich, Friedrich von Diez. Berlin 1811."

mit das Vaterland wisse, welcher Schatz hier zubereitet liege, findet die Anekdoten und Geschichten ebenso erbaulich als erfreulich, die Maxime aber, die das Werk enthält, grofs und unvergleichlich und wünscht ihm allgemeine Verbreitung. Was er selbst dazu beitragen kann, geschieht. — Als der Präsident von Esenbeck aus Bonn bei dem Dichter zu Besuch ist, liest ihm dieser nach der Mitteilung des Kanzlers von Müller aus dem persischen Buch Canuts Unterricht an seinen Sohn, „wie man sich als Regent und Partikulier in allen Lebenslagen zu betragen habe" vor, Knebel widmet er das Werk erb- und eigentümlich, weil man es nicht hintereinander lesen könne und wiederholt lesen müsse, und an Reinhard schreibt er am 24. Dezbr. 1819: „Kennen Sie das Buch des Kabus von Diez übersetzt? Wo nicht, so kann ich ein Exemplar überschicken. Es ist ein wahrer Schatz, von dem ich nicht Gutes genug gesagt habe." Der Freund nimmt das Buch als ein ihm teueres Geschenk auf und erwidert den 22. Mai 1820: „Es ist bewunderungswürdig, wie ein solcher Sultan allen menschlichen Zuständen so nahe stehen konnte; nur eine Revolutionszeit, der unsrigen ähnlich, konnte ein solches Aussichselbstherausversetzen hervorbringen; und doch wie wenige sind in unserer Zeit fähig gewesen so viel zu lernen und so viel zu vergessen. In der Resignation haben es jene weiter gebracht als wir, und die eigentlichen praktischen Philosophen haben von jeher im Orient gelebt." — Goethe, der ebenso wie Reinhard die Analogieen des Buches des Kabus für die Beurteilung und Belehrung in der europäischen

Lage betont, mochte noch manche andere Anklänge an eigene Anschauungen und Erlebnisse darin entdecken. Dafs Kjekjawus, als Kronprinz höchst sorgfältig zum freisten, thätigsten Leben erzogen, das Heimatland Gilan am Pontus Euxinus verläfst, um auf Reisen weit im Osten sich auszubilden und zu prüfen, war ganz in Goethes Sinn, der auch dem Fürsten empfiehlt, ins volle Menschenleben hineinzugreifen. Mit anderen guten Lehren hat er diese Notwendigkeit in einem Zwiegespräch zwischen Euadne nnd Elpenor niedergelegt, wenn er sie so reden läfst:

Euadne: „Erbitte von den Göttern Dir Verständige
Und Wohlgesinnte zu Gefährten!
Beleidige nicht das Glück durch Thorheit, Übermut!
Der Jugend Fehler wohl begünstigt es,
Doch mit den Jahren fordert's mehr.

Elpenor: Ja, viel vertrau ich Dir, und Deine Frau,
So klug sie ist, weifs ich, vertraut Dir viel,
Sie fragte Dich gar oft um dies und jenes,
Wenn Du auch nicht bereit antwortetest.

Euadne: Wer alt mit Fürsten wird, lernt vieles, lernt
Zu vielem schweigen.

Elpenor: Wie gern blieb' ich bei Dir, bis ich so weise,
Als nötig ist, um nicht zu fehlen.

Euadne: Wenn Du Dich so bedünktest, wäre mehr Gefahr.
Ein Fürst soll einzeln nicht erzogen werden.
Einsam[1] lernt niemand je sich selbst,
Noch wen'ger anderen gebieten."

---

[1] Vgl. die Worte des Herzogs im Tasso. W. VII 208 ff.
Ein edler Mensch kann einem engen Kreise
Nicht seine Bildung danken etc.

Noch weiter: der Zögling erscheint in jenem orientalischen Buch nicht als Kronprinz, sondern als Mensch, der sich bei der grofsen Gefahr, in der das vaterländische Reich schwebt, zu jeder Bestimmung geschickt macht, welche ihm in einem niederen oder höheren Stand beschieden sein könnte, geradeso wie der Dichter bei Carl August das rein Menschliche betont wissen wollte. König Kjekjawus sucht seinem Sohn die Welt zu zeigen, wie sie ist, nicht wie sie sich in den Köpfen der Grofsen spiegelt. — Nicht anders verfuhr Goethe und jene Objektivität, jene unbedingte, das Buch des Kabus auszeichnende Wahrheitsliebe, die nicht besorgt das Ansehen des Standes zu schmälern oder der eigenen Ehre etwas zu vergeben, wenn sie die Schwächen der Vorfahren und Verwandten nicht verschweigt, tritt auch in seinem Verhältnis zu Carl August überall zu Tage. — Der Dilemitenkönig, der in seinem Sohn einen Jüngling von grofsen Fähigkeiten besitzt, betrachtet eines Tages dessen Angesicht und findet bei der Prüfung der Gesichtszüge Verstand, Beurteilung, Vollkommenheit und Glück, aber auch den Stolz der Jugend und den Schlaf der Verblendung. — Nicht minder gemischt sind die Empfindungen in dem Selbstgespräch unseres Dichters angesichts des in der Stille der Nacht vor ihm ruhenden fürstlichen Jünglings in jener Ilmenauer Vision. Was diesem noch fehlt, ist die Kraft der Selbstbeherrschung, jene Eigenschaft, die wir Goethe mit allem Ernst sich anerziehen sehen, wenn er z. B. in seinem Tagebuch zum 13. Mai 1780 notiert: „Es offenbaren sich mir neue Geheimnisse. — Es wird mit mir noch bunt gehen. Ich übe mich und bereite das Möglichste. In meinem jetzigen Kreis hab' ich wenig, fast keine Hinderung aufser mir. In mir noch viele. Die menschlichen Gebrechen sind rechte Bandwürmer; man reifst wohl einmal ein Stück los und der Stock bleibt immer sitzen. *Ich will doch Herr werden. Niemand als wer sich ganz verleugnet, ist wert zu herrschen und kann herrschen.*" — Dafs auch der Herzog an seinem Teile sich so erziehe, ist sein innigster Wunsch und tief empfunden sind die Worte, die er im Rückblick auf die Vergangenheit und in Hoffnung auf die Zukunft ausruft:

„So mög', o Fürst, der Winkel Deines Landes
Ein Vorbild Deiner Tage sein!
Du kennest lang' die Pflichten Deines Standes
Und schränkest nach und nach die freie Seele ein.
Der kann sich manchen Wunsch gewähren,
Der kalt sich selbst und seinem Willen lebt;
Allein wer andre wohl zu leiten strebt,
Mufs fähig sein, viel zu entbehren." — —

Wenn nun auch bei der Beschränkung alles Menschlichen die Resignation, die in Goethes Leben eine so grofse Rolle spielt, hier gleichfalls am Platze sein mochte, wenn auch der allerdings rasch verklingenden Mifsstimmungen und Verstimmungen nicht wenige waren, wenn auch Carl August im Gegensatz zu Goethe, dessen inneres Leben unverrückt seinen Gang geht, während er mit den Menschen dieser Welt ifst und trinkt und mit ihnen spafst —, sich von mancherlei Äufserlichkeiten und Liebhabereien ablenken liefs, so war doch auch in ihm der Drang nach vorwärts, das

Streben nach Selbstvervollkommnung und Selbstveredlung frisch lebendig. Goethe mufs sich zuweilen selber die Worte des Weisen zurufen: „Beurteile niemand, bis Du an seiner Stelle gestanden hast." — Der ernstliche Tadel und der humoristische, wo er auftritt, ist mit schonungslosen Rückblicken auf die eigene Vergangenheit, mit jenem Kopfschütteln über die Häute, in welchen er selbst gesteckt, mit dem peinvollen Gefühl, das ihn die Erinnerung ungebundener Jugendstreiche fliehen läfst, wohl zu vergleichen, und als Eckermann einige Monate nach Carl Augusts Tode die Rede auf das Gedicht „Ilmenau" brachte, in welchem der Grofsherzog nach dem Leben gezeichnet scheine, bemerkte Goethe: „Er war damals sehr jung; doch ging es mit uns freilich etwas toll her. Er war wie ein edler Wein, aber noch in gewaltiger Gärung. Er wufste mit seinen Kräften nicht wo hinaus, und wir waren oft sehr nahe am Halsbrechen. Auf Parforcepferden über Hecken, Gräben und durch Flüsse, und bergauf, bergein, tagelang abarbeiten und dann nachts unter freiem Himmel kampieren, etwa bei einem Feuer im Walde: das war nach seinem Sinne. Ein Herzogtum geerbt zu haben, war ihm nichts, aber hätte er sich eines erringen, erjagen und erstürmen können, das wäre ihm etwas gewesen." — „So war er ganz", fügt Goethe in demselben Gespräche noch hinzu. „Es ist darin nicht der kleinste Zug übertrieben. Doch aus dieser Sturm- und Drangperiode hatte sich der Herzog bald zu wohlthätiger Klarheit durchgearbeitet, so dafs ich ihn zu seinem Geburtstage im Jahre 1783 an diese

Gestalt seiner früheren Jahre sehr wohl erinnern mochte. — Ich leugne nicht, er hat mir anfänglich manche Not und Sorge gemacht. Doch seine tüchtige Natur reinigte sich bald und bildete sich bald zum Besten, so dafs es eine Freude wurde, mit ihm zu leben und zu wirken."

Wenn wir im Voraufgehenden Friedrich von Stein als Goethes Zögling in den Mittelpunkt unserer Darstellung stellten, umgeben von dem Schweizer Hirtenknaben hier, dem Thüringer Fürsten dort, so geschah es, um an individuellen Anschauungsbildern zu zeigen, wie der Dichter auf jeder Altersstufe und in jeder sozialen Sphäre sein tiefes Sinnen über Natur und Entwickelung, die reiche Erfahrung seines hochbegabten Geistes und vielseitigen Lebens in wahrhaft meisterhafter Weise auch praktisch bethätigte. Sein Wirken als Lehrer und Erzieher, sein Auftreten als Berater in allen pädagogischen Angelegenheiten ist damit jedoch nicht erschöpft.

Ein kleines Seitenstück zu Fritz von Stein aus der späteren Zeit seines Lebens, zugleich eine besondere Richtung seines didaktischen Interesses veranschaulichend, bildet z. B. der Verkehr mit Carl von Knebel.

Goethes Vorliebe für das Zeichnen, diese „sittlichste aller Fähigkeiten", wie er es einmal nennt, ist bekannt. Wir wissen auch, dafs er lange zwischen Poesie und bildender Kunst geschwankt, und dafs ihm das Interesse für Gemälde und Kupferstiche angeboren und anerzogen war. Wie er sehr frühzeitig mit Zirkel und Lineal umzugehen gelernt, allerhand Papparbeiten angefertigt zunächst als Dekorationen für das Puppenspiel, dann in seinem frühzeitigen Umgang mit Künstlern sich daran gewöhnt die Gegenstände von ihrer malerischen Seite anzusehen, woraus das weitere Bestreben hervorging die Bilder, die ihn in der Natur anzogen, durch die Kunst des Stiftes festzuhalten, wie er bei den Versuchen nach der Natur zu zeichnen, verfallene Schlösser und Gemäuer ins Auge fafste, sich an Landschaften hingegen als zu schwer nicht wagte —, hat er uns in seiner Biographie ausführlich geschildert. Die Pädagogik des Vaters, der wohlwollend nach den Studien fragt, Linien um jede unvollkommene Skizze zieht, um dadurch zur Vollständigkeit und Ausführlichkeit zu nötigen, während er die unregelmäfsigen Blätter zurecht schneidet und damit den Grund zu einer Sammlung legt, mufs er bewunderungswürdig finden, und wenn er auch auf diesen Blättern weniger das sah, was dastand, als das, was er bei dem Anfertigen gedacht, so war doch seine Aufmerksamkeit für die Gegenstände der Natur, und wären es nur Blumen und Kräuter „für so ein liebes Tagebuch" gewesen, wachgerufen. Bei Öser in Leipzig hatte er dann gelernt, „wie man sich umsieht", und voller Anerkennung schreibt er nach seiner Rückkehr an den hochgeschätzten Lehrer, ihm verdanke er seinen Geschmack, seine Kenntnisse, seine Einsichten; er habe erkannt, dafs die Werkstatt eines Künstlers mehr den keimenden Philosophen und Dichter entwickele, als der Hörsaal des Weisen und Kritikers. — Dem Zeichnen hat er auch in der Folge stets die gröfste Bedeutung beigemessen und bei Anpreisung der Vorteile, die jedem gebildeten Menschen aus dieser Kunst erwüchsen, spricht er das bedeutsame Wort: „Es entwickelt und nötigt zur Aufmerksamkeit und das ist ja das Höchste aller Fertigkeiten und Tugenden." — Es geschah also mit gutem Grund, wenn er es eifrig empfahl, oder mit Rat und That zur Seite stand, wo er im Kreis seiner Freunde und Bekannten ein Talent bei der Arbeit sah, wie Julie von Egloffstein. Diese beanlagte junge Dame macht er bei ihren Zeichenstudien auf die kleinen Vorteile in Aufnahme und Behandlung des Gegenstandes aufmerksam und verordnet ihr zur systematischen Ausbildung ihres Talents eine bestimmte Kunstdiät. Damit sie diese einhalte, will er sie einsperren und erst wieder aus dem Käfig ausfliegen lassen, wenn sie bei unausgesetzter Thätigkeit von früh bis in die späte Nacht in systematischer Reihenfolge erst kopieren, dann komponieren und endlich selbständig schaffen gelernt habe. — Auch Fritz von Stein hatte er nach dieser Richtung zu fördern gesucht. Wir hören wiederholt, dafs er ihn zum Zeichnen anhält. So schreibt er aus Rom im Februar 1787: „Fritz soll ja brav zeichnen, was ihm vorkommt." In demselben Brief (vgl. Tagebücher aus Italien s. 279) nennt er sein armselig bifschen Zeichnen unschätzbar, weil es ihm jede Vorstellung von sinnlichen Dingen erleichtere, und weil das Gemüt schneller zum Allgemeinen erhoben werde, wenn man die Gegenstände genauer und schärfer beobachte. Er freut sich unendlich, dafs ihm im

Zeichnen ein Licht aufgehe, eh' er nach Neapel reist, während er vorher gefürchtet hatte, er könnte von dem Anschauen der grofsen Kunstwerke erdrückt werden und sich nicht mehr getrauen, einen Bleistift anzusetzen. Aber die Natur habe für ihre Kinder gesorgt. Der Geringste werde durch das Dasein des Trefflichen nicht an seinem eigenen Dasein gehindert, oder, so fügt er scherzend hinzu, ein kleiner Mann sei auch ein Mann. —

Wie Goethe im einzelnen mit seinen kleinen Schülern verfuhr und wie er sich dabei ganz in väterlichen Gleisen bewegte, geht aus dem Briefwechsel mit seinem Freund Knebel recht deutlich hervor. — Am 21. Oktbr. 1809 hatte er dessen Sohn Carl Zeichenvorlagen geschickt mit der Weisung, „hübsch sorgfältig" nachzuzeichnen, nicht „allzugeschwind" zu verfahren und die Kopieen mit den Originalen zurückzuschicken, damit er wieder etwas Neues folgen lassen könne. Bald darauf am 1. Novbr. hören wir, wie er den Knaben für seine Zeichnung und sein geschriebenes Blättchen lobt und neue Musterkarten verspricht. Wenn Carl auf diesem Wege fleifsig fortfahre, springe, so glaubt er versichern zu können, ehe man sich's versehe, bei dessen natürlichen Anlagen aus irgend einem Anlafs das Bessere hervor, und am 4. November schreibt er an den Vater: „Deinem Knäblein sende ich hier abermals einige schöne Muster. Ich wünsche, dafs er in Abzeichnung derselben immer mit mehrerer Sorgfalt verführe; auch müfste die Tusche zu den Umrissen stärker sein etc. Wenn er in seinen Zeichnungen so sauber wird wie in seiner Handschrift, so möchte nichts dabei zu erinnern sein." — Nachdem er sodann am 10. Januar 1810 seiner Freude Ausdruck verliehen, dafs Carl die letzten Köpfe „sehr gut" und „lobenswürdig" nachgeahmt, und hinzugefügt, es werde ihm wohl gelingen, wenn er so fortfahre, schickt er ihm wieder einiges, für später gröfsere Dinge in Aussicht stellend, damit er nach und nach aus dem engeren Wesen herauskomme. Nur müsse man suchen, ihm gröfsere Pinsel zu verschaffen. Besonders solle Carl immer mehr auf Licht und Schatten achtgeben, Licht und Halblicht, Schatten und Halbschatten voneinander sondern, damit die Gegenstände rund würden und auseinander gingen. Am 10. Juli läfst er in einem Brief aus Carlsbad, wohin ihm die Zeichnungen nachgesendet wurden, durch Knebel seinem Carl für dessen Leistungen danken, mit der Mahnung, ja immer fortzufahren, und richtet am 19. November folgenden eigenhändigen Brief an diesen: „Ich sende Dir, mein lieber Karl, Deine Zeichnungen zurück und da Du Dich so gut gehalten hast, so traue ich Dir etwas Schwereres zu. Aus den mitkommenden Umrissen historischer Bilder, die Dich interessieren werden, nimmst Du Dir einzelne Figuren heraus, wenn Dir ein ganzes Blatt zu umständlich und schwer vorkommen möchte. Doch kannst Du ja auch wohl, wenn Du Dir Zeit dazu nimmst, ganze Kompositionen abzeichnen; denn sie sind hübsch und Du wirst Freude haben, sie in Deiner Sammlung von Studien zu besitzen." — Auch in den folgenden Jahren verliert er den Sohn des

Freundes nicht aus den Augen. 1812 sieht er sich in der Lage, Carls Gedichte mit Vignetten recht hübsch zu finden und abermals die Ermahnung daran zu knüpfen, ja fortzufahren. Die Gedichte hätten völlig den Charakter der Volkslieder und könnten im „Wunderhorn" stehen, ohne dafs jemand Anstofs nähme. — Wenn wir hinzufügen, dafs Goethe den jungen Mann zu der Zeit aufs beste berät, wo er als Freiwilliger in das weimarische Kontingent eintreten sollte, während ihn der Vater in einem ordentlichen sächsischen Kavallerieregiment untergebracht zu sehen wünschte, ohne dafs Goethe diesen Wunsch erfüllen konnte, haben wir bereits jene allgemeine Dienstfertigkeit gestreift, die der Dichter für alle seine Freunde, Bekannten und Verwandten an den Tag legt. Denn wo wäre im Kreis derselben ein Vater oder eine Mutter wegen eines Kindes besorgt gewesen, ohne dafs wir ihn teilnehmend und hilfsbereit sähen? — Handelt es sich um das geistige Wohl, ist er um einen guten Rat nicht verlegen, liegt Krankheit vor, da tröstet er u. a., dafs dadurch eine schnelle Entwickelung und besseres Gedeihen vorbereitet werde (an Frau von Wolzogen den 10. Dez. 1811), und welche innigen Töne er hier anschlagen kann, geht namentlich aus den Briefen mit dem Bremer Arzt Nikolaus Meyer[1] hervor, zu dem er im Patenverhältnis

---

1) Der reichbegabte, durch seine Schönheit und Anmut alle Herzen gewinnende Sohn desselben, Carl Viktor wird 1827 von Goethe aufser an Zelter, der ihn in der Musik unterrichten sollte, an Rauch in Berlin empfohlen, da er frühzeitig Talent für die Bildhauerkunst gezeigt und Goethe be-

stand. Neben Mercks Kindern, mit denen sich Goethe in Darmstadt viel zu schaffen gemacht und Lavaters Knaben, welchen er zum Berichterstatter heranzubilden wünschte,[1] sind es namentlich die Kleinen des Herderschen Hauses, deren er sich annimmt. — Trotz der mancherlei Verstimmungen, die das Ehepaar Herder hervorrief, hielt Goethe doch die freundlichen Beziehungen zu den Kindern aufrecht. Wir hören, wie er seine Freude ausdrückt, wenn eines von ihnen eine Krankheit überstanden hat — „dafs Emil so glücklich durch die Blattern gekommen ist, ohne an seiner Gestalt oder seinem Humor etwas zu verlieren, ist gar schön" 27. Dezember 1788 — und deuteten oben bereits an, wie er sie in seinen Briefen und Sendungen aus Italien bedenkt. Namentlich für Herders zweiten Sohn August, welcher sich später als Mineraloge und im Bergfach einen bedeutenden Namen erwarb, hatte er ein besonderes Interesse. Dafs er es auch in echt pädagogischer Weise bethätigte, geht aus den hierher gehörigen Briefen hervor. So schreibt er am 18. September 1786 aus Verona: „Grüfset mir Gustelu, manchmal' mach ich mir bei Gegenständen den Spafs, mir

---

reits mehrere seiner Arbeiten gelobt hatte. Die Büste des Dichters, welche von dem jungen Meyer angefertigt und nach Jena geschickt wurde, gab jenem Veranlassung, belehrende Winke über die Ausbildung zum Künstler in seinen Briefen niederzulegen. (Vgl. Strehlke, Goethes Briefe I, 462.)

1) „Wenn Dein Knabe schreibseliger wird, so lafs ihn manchmal etwas von Eurer Haushaltung schreiben, wie es ihm in die Feder kommt."

vorzusagen, was er dabei sagen würde. Wenn alles gut geht, wünsch' ich ihn wohl auf eine Stunde zu mir", und am 10. Novbr. desselben Jahres aus Rom: „Grüfst mir die Kinder. Wie oft wünsch' ich mir Gusteln; besonders neulich auf den Ruinen des Neronischen Palastes, wo man jetzt auf den Artischocken Ländern sich an Marmorn, Porphyrn, Graniten immer die Taschen voll steckt, die von der alten Herrlichkeit noch unerschöpfliche Zeugen sind." — Wenn's lustig hergeht, wie beim Fischfang, denkt er an Gusteln, den er zu sich wünscht (2. Dezbr. 1786), um mit ihm zu lernen. Da sich dies jedoch nicht ermöglichen läfst, sucht er wenigstens den besonderen Neigungen und Liebhabereien des Knaben zu entsprechen, indem er von Herder zu wissen wünscht, was er den Kindern mitbringen könnte. Sie sollen ihm darüber schreiben (vgl. Brief vom 3. Februar 1787). Wenn er ihre Zeilen am Rande eines Briefes des Freundes recht versteht, so will August Paläste, Gottfried Abdrücke von Gemmen. Beide verspricht er zu befriedigen, auch ein schönes Studium antiker Marmorarten noch mitzubringen. Unterdessen schickt er ihnen durch Kranz einige Steinchen und Scherben zum Spiel und zur Vorbereitung. Zurückgekehrt aus Italien, hält ihn das gestörte Verhältnis zu dem Freund doch nicht ab, seinen Sohn auf Ausflügen mitzunehmen, so dafs er am 10. August 1789 aus Ruhla an Herder meldet, der Herzog habe auf diesen Touren August sehr lieb gewonnen und es sei zu hoffen, dafs der Junge dadurch in eine Existenz komme, die ihm passe. Am 12. März 1790 wiederum unterwegs, legt er für August ein Blatt an Herder bei, herzlich bedauernd, dafs er ihn habe zurücklassen müssen; es sei aber in manchem Betracht nicht möglich gewesen, ihn mitzunehmen. Ebenso drückt er während der zweiten italienischen Reise wiederholt sein Bedauern aus, dafs August nicht an seiner Seite sei. Er fehlt ihm sehr, als er in Nürnberg auf tausend Sachen stöfst, die ihn interessieren könnten, an denen er nun vorbeieilt und ähnlich ergeht es ihm in Italien. Wie er des „guten Gustel" auch während der Campagne von 1792 und später nicht vergifst, bestätigt eine Notiz aus den Tag- und Jahresheften zum Jahr 1795, wo es heifst: „Junge Männer, die von Kindheit auf seit beinahe zwanzig Jahren an meiner Seite heraufgewachsen, sahen sich nunmehr in der Welt um, und die von ihnen mir zugehenden Nachrichten mufsten mir Freude machen, da ich sie mit Verstand und Thatkraft auf ihrer Bahn weiterschreiten sah. Friedrich von Stein hielt sich in England auf und gewann daselbst für seinen technischen Sinn viele Vorteile. August von Herder schrieb aus Neufchatel, wo er sich auf seine übrigen Lebenszwecke vorzubereiten dachte."

Besondere Erwähnung verdienen ferner die Söhne seines Freundes Fritz Jacobi. Namentlich ist es der spätere preufsische Geheimrat J. G. Jacobi, dessen nicht richtig aufgefafste Eigentümlichkeit im früheren Knabenalter, für den Vater ein Gegenstand grofser Besorgnis, Goethes ganze Teilnahme und thatkräftiges Eingreifen herausfordert. Die erste Kundgebung vom 31. März 1784 lautet: „Schreibe mir doch ein Wort von dem

Kinde zu Münster und was Ihr mit ihm habt. Ich weifs nichts von ihm, kann es nicht beurteilen, und wenn ich nicht sehr irre, behandelt Ihr es falsch, die Fürstin und Du. Ich mische mich nicht gern in dergleichen Sachen, denn die Vorstellungsarten sind zu verschieden und mit Schreiben ist gar nichts ausgerichtet, aber das Kind dauert mich, es ist doch Dein und Bettys Kind, und gewifs nicht zum Bösewicht, zum Nichtswürdigen geboren." — Indes die Eltern fortgesetzt unzufrieden sind, ist Goethe stets voll Zuversicht und behält schliefslich Recht, dafs er sie wegen ihrer Ungeduld gescholten hat: *„Ein Blatt, das grofs werden soll, ist voller Runzeln und Knittern, eh' es sich entwickelt; wenn man nicht Geduld hat und es gleich glatt haben will wie ein Weidenblatt, dann ist's übel.* Ich wünsche Dir Glück zur Vaterfreude." (9. September 1788.) —

Während er seinen Schützling auch fernerhin im Auge behält und sich bei Carl August für ihn verwendet, tritt er zu dem andern Sohn Jacobis, dem in Jena Medizin studierenden Max, demselben, welchen Frau von Stein einen „kuriosen Bären" nannte, in nicht minder intime Beziehungen: „Gestern früh ist Max bei mir angelangt, müde genug und mit einem vom Stiefel gedrückten Fufs", meldet Goethe am 17. April 1793. „Für das erste Bedürfnis ist ihm ein Kanapee und für das letztere Übel ein Kräutersäckchen zu Hilfe gekommen und heute ist er schon nach seiner Art ganz munter; ich habe den Lektionskatalogus mit ihm durchgegangen und seine Stunden vorläufig ausgezeichnet, ihn mit einigen Büchern versorgt, so mag er sich ausruhen und sich dann hier umsehen. Ist mir's möglich, so bringe ich ihn selbst nach Jena; wo nicht, so soll er in gute Hände geliefert werden." Dafs sich Max in Jena recht gut gefunden, dafs es ihm in seinem Fach an guter Leitung und gründlichem Unterricht nicht fehlen werde, beeilt er sich am 2. Mai dem Freunde zu versichern, der einige Wochen später erfährt, wie Goethe den Jenenser Studenten durch seinen Diener Goetz besuchen läfst, um sich von jenes Wohlbefinden zu überzeugen (Brief vom 17. Mai). — Auf Jacobis Sohn verfehlt diese Fürsorge den Eindruck nicht. Er attachiert sich dem Goetheschen Hause sehr und der Dichter drückt dem Vater am 7. Juli 1793 seine grofse Freude aus, dafs sich Max in seiner Abwesenheit so zu den Seinigen halte. „Auf der kleinen Insel des festen Landes, die sie bewohnen", heifst es in dem Briefe weiter, „ist er gern gesehen und gut aufgehoben. Mein Knabe ist ein glückliches Wesen, ich wünsche, dafs er mit seinen schönen Augen viel Schönes und Gutes in der Welt sehen möge. Georgen wünsche ich Glück zur Liebschaft, lafs ihn bald heiraten, so ist für seine Erziehung gesorgt, wenn er einige Anlage hat, vernünftig zu werden." — Noch bezeichnender für die sorgsame Art und Weise und die Sachkenntnis, mit welcher Goethe die Studien und Fortschritte des jungen Akademikers verfolgt, alles, was auf seine Entwickelung Bezug haben konnte, ins Auge fafst und zugleich zum Guten redet, wo die etwas rigorosen und besorgten Eltern vorschnell verdammen wollen, ist der Brief vom

9. Sept. 1793, der wie folgt lautet: „Auf Deine Anfrage wegen Max mufs ich Dir eilig und nur vorläufig antworten; ich habe mich genau nach ihm erkundigt, ihn selbst gesehen und gesprochen und finde, dafs Du keine Ursache hast, besorgt zu sein. Seine Studien treibt er, wie es zu Anfang zu gehen pflegt, wo man noch nicht weifs, wo man hinaus soll. Was ihm einen Begriff giebt, interessiert ihn, wie billig, weniger das, was eigentlich nur Vorbereitung auf ein Künftiges sein kann. Litterargeschichte hat er mit Eifer und Feuer gehört, Botanik anfangs auch, zuletzt wollte ihm das Vorzählen und Analysieren der Pflanzen nicht behagen, vielleicht hat der Lehrer einige Schuld; es ging mehr jungen Leuten ebenso. Osteologie hat er gehört, wie man sie zum erstenmal hören kann. Von dem Übrigen nächstens. Sonst versichert man uns, er bereite sich auf seine künftigen Studien fleifsig vor im Gespräch und Durchlesen. Vielleicht verfällt er auch hier in den Fehler der meisten jungen Ärzte, dafs er zu geschwind ans Ziel will. So hab' ich ihn Gaubins Pathologie neulich lesen sehen, wie er bei mir war. Doch das ist gewöhnlich, und ich sehe alles das als Lectiones cursorias an; ist der Kopf gut, so stellt sich alles zurecht. Hat er nur erst diesen Winter Anatomie und Physiologie durchgegangen, so wird schon mehr Richtung in seinen Fleifs kommen. Seine Gesellschaft ist eingeschränkt. Reinhard, an den er sich hängt, soll ein edler, guter Mensch sein, der Kenntnisse, besonders im litterarischen Fach, hat; ist er nicht so kühl und ausgebildet, wie es zu wünschen

wäre, so ist das wohl die Eigenschaft der Jugend. Ich will mich näher nach ihm erkundigen. Max scheint den Pylades zu spielen, und das ist denn auch nicht so schlimm. Das Reiseprojekt betreffend, finde ich's freilich weitschichtig, doch was die Reiselust betrifft, so hätte ich ihn an Deiner Stelle nicht so hart angelassen. Ein junger Mensch, der aus der Eltern Hause kommt und in die akademische Freiheit gerät, wird gewöhnlich in irgend ein Extrem fallen. Die Reise-Passion scheint mir die wenigst gefährliche. Sie zeigt, dafs er im Orte keine leidenschaftlichen Verbindungen hat, dafs er was sehen, was erfahren will u. s. w. — — —

An Deiner Stelle hätte ich ihm daher zwar den weitläufigen Kreuzzug nicht statuiert, aber zum Teil, z. B. Schlossers in Frankfurt zu finden, über Würzburg, Bamberg, Koburg u. s. w. nach Jena zurück zu kehren, die Mittel nicht versagt, ihm ein anderes Jahr zu einer Reise nach Dresden Aussicht gelassen. So bliebe man im Besitz, seine Leidenschaft zu lenken. Man läfst ja so junge Leute reisen, wenn sie studiert haben, warum sollten sie es nicht dazwischen thun und lieber ein Jahr länger auf der Akademie bleiben? Die Zerstreuung, so viel ich habe bemerken können, zerstreut eine leidenschaftliche Ordens- oder Liebesverbindung mehr als Reise, wo man doch immer etwas Nützliches sieht, auch als handelnder Mensch mehr geprüft wird. Dazu kommt noch Maxens Hindernis am Gehör, das ihn verhindert, an gröfserer Gesellschaft Teilzunehmen. Unter mehreren ist er stumm und zurückgezogen, da er mit wenigen gar frei, verständig, ja sogar munter ist. Wärest Du nicht abgeneigt, ihm noch einen Spafs auf die Ferien zu erlauben, so wollte ich, Du thätest es durch mich, dafs ich durch mein Mittlerverdienst mir noch mehr sein Vertrauen erwürbe. Ich werde nicht unterlassen, ihn zu beobachten, und schreibe nur flüchtig, Dich zu beruhigen. Siehe mehr den Sinn dieses Briefes, als die Ausdrücke, denn ich weifs, dafs man vieles strenger und banger nehmen kann. Freilich ist schon ein Unterschied, wenn der Sohn in des Vaters Metier tritt, wo dieser mehr leiten und vorbereiten kann, und doch habe ich gesehen, dafs auch da wieder alles auf Umstände ankommt, die incalculabel sind. Habe also nur noch diesen Winter Geduld, dafs man Maxen als ein selbständig Wesen kennen lernt, dafs man sieht, wie er seine Wissenschaft anpackt, wohin er etwa sonst noch sich verbreitet, davon seiner Zeit mehr verlauten soll." —

Das war im Herbste des Jahres 1793. Nachdem Max von einer Reise nach Hannover, über deren Kosten Goethe dem Freunde genau Rechenschaft ablegt, zurückgekehrt war, hat er am 18. Nov. zu berichten, dafs seine Kollegia gut eingerichtet seien. Er höre Anatomie, Physiologie und Chemie. In dem ersteren Fache gehe es schon frisch, in den letzteren und der Muskellehre jammere er über die langen Einleitungen. Mit Hufeland sei er aufserordentlich zufrieden. — Seinem am 11. Oktober gegebenen Versprechen, fleifsig nach Max sehen zu wollen, kommt er im Laufe des

Wintersemesters getreulich nach und hat fortgesetzt Gutes über ihn zu berichten, während er von der Zukunft des angehenden Jüngers der Wissenschaft das Beste hofft. Im Herbste des folgenden Jahres „als in der Zwischenzeit der akademischen Jahre" verlangt dieser die Seinigen wieder zu sehen. Goethe kann diesen Vorsatz nur billigen. Man werde nicht ganz fremd, gebe Rechenschaft von seinem Haushalt und schliefse sich aufs neue an. — Die Zensur, die er im Brief vom 8. Sept. 1794 ausstellt, ist eine gute. So weit er Max beurteilen kann, habe er sich in der kurzen Zeit eine gute Übersicht der medizinischen Wissenschaft und seines künftigen Metiers erworben und sei auf guten Wegen, das Nötige teils zu wiederholen, teils wieder ins einzelne zu gehen. Besonders aber gefällt ihm sein Urteil über Menschen, das meistens sehr rein, ohne Vorurteil der Liebe und des Hasses herauskomme. — Was ihm nach der Mitteilung vom 27. Dezbr., während welcher Zeit Max sich bei Goethe in Weimar aufhielt, am meisten an Jacobis Sohn freut, ist dessen unverwandte Richtung auf sein Metier. „Dafs er in seinem Kurs vielleicht Sprünge oder Umwege macht, giebt mir weniger Sorge, als wenn er heraus- und hereinhüpfte", schreibt er an den Vater. *„Für uns Alten ist es immer schwer, junge Leute kennen zu lernen, entweder sie verbergen sich vor uns oder wir beurteilen sie aus unserem Standpunkt."* — Nach diesem längeren Aufenthalt in der Musenstadt an der Ilm folgen kürzere Besuche daselbst, bei welchen Gelegenheiten Goethe dem jungen Mann auch Unterhaltung zu verschaffen sucht, ihn z. B. auf die Redoute mitnimmt (27. Febr. 1795), und als Max Ostern dieses Jahres sich anschickt, Jena zu verlassen, thut der Weggang dem Dichter „sehr leid", er darf wohl sagen „wehe." „Wir sind beide nicht zu schneller Freundschaft geneigt und wir fingen eben erst an, einander etwas zu werden", schreibt er an Jacobi. Nunmehr geht sein Bestreben dahin, dafs die angeknüpften Bande durch die Trennung nicht wieder gelöst werden. Wir hören ihn bald Erkundigungen über den „wackeren Max" einziehen, seine grofse Freude über den in Aussicht gestellten Besuch desselben im Brief vom 17. Oktober 1796 äufsern, und als der Erwartete endlich in Weimar eingetroffen war, wendet er sich am 26. Dez. an den Freund: „Seine Gegenwart macht mir viel Freude. Er hat sich sehr gut ausgebildet und scheint mir auf dem Wege zu sein, den ich für den rechten halte. Er soll mir lieb und wert sein, so lang er bleiben will, und ich hoffe, sein Aufenthalt soll ihn nicht gereuen; wir haben ja eine grofse Menge von litterarischem Wesen und Treiben bei uns, besonders auch in dem Fache, das ihn interessiert; er kennt Menschen und Reisen von früherer Zeit, es imponiert also nichts und er kann eher aus der Masse das Nützliche zueignen und indem er sich nach einer so schönen Reise wieder in der thüringischen Beschränkung findet, so kann er desto eher mit sich zu Rate gehen und erfahren, was sein eigen gehört."

Mit Max Jacobi ist jedoch die Reihe der jungen Leute, denen Goethe sein Interesse und seine Unterstützung zuwandte, nicht abgeschlossen. Es studierten in Jena noch mehr Söhne und Angehörige von Goethes Freunden, sowie eigene Verwandte, die sich alle seines Rates und seiner Empfehlung bedienten. Am 23. Nov. 1801 hält er eine Generalmusterung unter ihnen ab, indem er an Jacobi schreibt: „Deinen Enkel habe ich nur einige Augenblicke gesehen, etwas näher den Sohn unserer Freundin. Die drei Schlosser und zwei Vosse machen eine der wunderbarsten jungen Gesellschaften, die zu meiner Kenntnis gekommen sind. Der jüngste Sohn des Schöff Schlosser ist ein kleiner Enragé für die neueste Philosophie und das mit so viel Geist, Herz und Sinn, dafs ich und Schelling unser Wunder daran sehen. Sein älterer Bruder ist eine ruhige, verständige Natur, den, wie ich merke, der Kleine auch nach Jena zu der selig machenden Lehre gerufen hat; der Sohn meines Schwagers scheint seinen Vater nicht zu verleugnen. Mir kommt vor, dafs er einen guten geraden Sinn hat, Lust an Erfahrung. Nicht wenig scheint er betroffen zu sein, dafs er alles, was man ihm an Philosophie eingeflöfst, abschwören soll, wozu ihn doch wahrscheinlich sein kleiner Vetter endlich nötigen wird. — Von den Vossens scheint mir der eine etwas überspannt, der andere etwas dunkel." — Diese Worte machen Goethens psychologischen und physiognomischen Beobachtungen alle Ehre, und dafs es ein echt pädagogischer Geist ist, aus dem sie hervorgehen, enthüllt er uns selbst, wenn er an jener Stelle die Worte hinzufügt: „Wäre es nicht die Neigung und das Verhältnis zu diesen jungen

Leuten, so würde schon die Neugierde, wie ein solches Phänomen sich auflösen kann, mich aufmerksam machen."

Heinrich Vofs, der Sohn, obgleich er manches Unrichtige und Einseitige über Goethe schreibt, wie Riemer meint, ist doch darin der Wahrheit getreu, wenn er aussagt, Goethe wisse sich in alle Lagen eines Menschen zu versetzen, an allen Gemütszuztänden teilzunehmen, einen jeden über sich aufzuklären und in allen guten und löblichen Vorsätzen zu bestärken. Goethe besafs diese grundlegenden pädagogischen Eigenschaften wirklich, nur dafs sie Vofs nicht als solche zu würdigen verstand. Denn während er weiter versichert, wenn er Schiller als einen Menschen liebe, müsse er Goethe als einen Vater verehren, können wir nicht umhin, den Dichter auch hier als scharfblickenden Pädagogen zu bewundern. War es doch nicht zufällig, dafs Goethe der akademischen Jugend gegenüber eine so grofse Toleranz an den Tag legte. So sehr er sich auch manchmal über einen jugendlichen Naseweis ärgern mochte, bedachte er doch stets dabei, dafs ein junger Mensch, der aus der Eltern Haus in das akademische Leben gerät, gewöhnlich in ein Extrem verfallen mufs. In das Wesen des Universitätslebens bis zu den äufseren Formen herab, „welche auf Akademieen so viel Unheil anrichten",[1] hatte er tiefe Blicke gethan. Er hält dafür, dafs, wenn wir uns auch bei demselben des eigentlichen Fleifses nicht zu rühmen

---

1) Das Verderbliche der Corpsverbindungen zu beobachten, hatte Goethe in Jena genügend Gelegenheit, wo Fichte seine Veredlungsarbeit vergeblich unternommen hatte.

haben, es doch jeder Art von Ausbildung Vorteil gewährt, weil wir stets von Menschen umgeben sind, welche die Wissenschaft besitzen oder suchen, so dafs wir aus einer solchen Atmosphäre, wenn auch unbewufst, immer einige Nahrung ziehen. — Im allgemeinen neigt er zu der Ansicht hin, dafs auf Akademieen viel zu viel und viel Unnützes getrieben wird. Die einzelnen Lehrer dehnten ihre Fächer zu sehr aus, bei weitem über die Bedürfnisse ihrer Hörer. Wer klug sei, beschränke sich auf ein Fach und werde tüchtig in einem. Jene Betrachtungen aus einer Reise am Rhein, Main und Neckar in den Jahren 1814 und 1815 (W. XXVI.), die er zwar nur als Reflexionen eines vorübereilenden Reisenden angesehen wissen will, und mit der Bemerkung schliefst: „Freilich gehört theoretische Betrachtung, wissenschaftliche Bildung den Universitäten vorzüglich an, aber nicht ausschliefslich gehört sie ihnen. Einsicht ist überall willkommen" —, sind besonders reich an grofsen Gesichtspunkten und feinen Beobachtungen. Wir erinnern nur an das bei Köln Gesagte, woran er, als einstiger Universität, von drei Seiten die Gründe entwickeln läfst, warum in einer grofsen Stadt mit reichen Schätzen der Vergangenheit und Gegenwart und allen Bildungsmitteln eine Universität gedeihen müsse, gegenüber den Hochschulen in kleinen Städten, die sich aus jenen Zeiten herschrieben, „wo der Jugend, die aus einem dumpfen Schulzwang zu einem ängstlichen Geschäftsgange gebildet werden solle, ein gewisser Zwischenraum gegönnt war, in welchem sie sich neben dem Lernen auch abtoben und eine fröhliche Erinnerung vollbrachter Thorheiten gewinnen möchte." —

Dafs er bei Betrachtung seiner Vaterstadt und der verschiedenen Zweige der Wissenschaft, die dort vertreten waren, wie Botanik, Chemie, Physik etc., namentlich Zeichenschulen als „Noviziate für junge Talente" und Beobachtungsstation für künstlerische Fähigkeiten empfiehlt, ist nicht minder beachtenswert und führt uns auf eine weitere Eigenschaft Goethes, nämlich diejenige, junge aufstrebende Talente zu unterstützen und ernstes Streben, wo immer es hervortritt, nach Kräften zu fördern. Zwei Beispiele mögen hierfür genügen. Das erste betrifft einen beanlagten, aber armen Knaben aus Jena, dem Goethe aufzuhelfen sucht. In dessen Interesse richtet er am 14. Juni 1829 folgenden Brief an E. Weller:

„Übernehmen Sie, werther Herr Doctor, gefällig nachfolgendes kleines Geschäft. Alexander Netz, ein Knabe von 14 Jahren, wohnhaft zu Jena auf dem Steinwege bei seiner armen Mutter, meldete sich schon verschiedentlich bei dieser und jener Behörde, Zeichnungen vorweisend, welche, bei aller ihrer Unvollkommenheit, doch immer auf ein angebornes Talent hindeuten. Endlich gelangte sein Gesuch auch an mich, und ob ich gleich Niemanden bestimmen möchte, sich der bildenden Kunst zu widmen, weil sie schwer zu erlernen, und noch schwerer ist, durch das Erlernte seinen Lebensunterhalt zu erwerben: so bin ich doch geneigt, mich vorzugsweise nach diesem Knaben umzuthun. Wollen Sie sich zunächst um seine jetzige

Lage erkundigen; welchen Schulunterricht er genossen, und welche Zeugnisse er von seinem Lehrer erhält; wann er etwa konfirmiert wird; und was für ihn zunächst zu thun wäre. Freilich sind die Zeichenanstallten in Jena nicht sehr förderlich, da aber der Knabe sonstige Fähigkeiten zu haben scheint, auch eine hübsche Hand schreibt, so wünschte ich ihn am liebsten hierauf gerichtet zu sehen nicht weniger auf Geometrie, welche denn doch zuletzt alles Nachbilden regeln mufs; da er denn nebenher Köpfe, Figuren und ‚wozu er sonst Lust hat, nachzeichnen mag. Wie gesagt, unterrichten Sie sich zuerst von den Umständen. Viel kann ich nicht thun, und das Wenige möchte ich wohl angewendet wissen. Mündlich oder schriftlich Nachricht hierüber erwartend, wünsche ich wohl zu leben und meiner freundlich zu gedenken.

P. S. Soeben werde ich aufmerksam gemacht, dafs Herr Rector Gräfe wohl der Mann sei, wenn er sich dieses Knaben annehmen möchte, den Bildungsgang am besten zu reguliren und zu leiten. Der Herr Rector hat, wie ich weifs, die Neigung, neben anderen Schulbeschäftigungen, auch die, Schüler sich im Zeichnen üben zu lassen; und das wäre ja hier das Wünschenswerthe, wo man am ersten versichert sein könnte, dafs das Angewandte auch entschieden Nutzen bringe. Überdenken Sie die Sache, und geben mir znnächst Kenntnifs von Ihren Untersuchungen." —

Das zweite Beispiel entnehmen wir dem Goethe-Zelterschen Briefwechsel. Der Dichter empfiehlt hier einen jungen Zimmergesellen, den Sohn eines weimarischen Subalternbeamten, Namens Steffany, der sich nach erlangter Praxis in Berlin theoretisch weiter bilden soll, mit dem besonderen Wunsche, „dafs irgend Jemand in einer so grofsen und verführerischen Stadt ein Auge auf ihn haben möchte." (1. April 1802.) Der Freund an der Spree kommt Goethes Wünschen nach allen Richtungen entgegen, so dafs dieser am 31. Aug. Gelegenheit nimmt, für die gute Aufnahme seines Schutzbefohlenen zu danken. Zelter werde sich aber doppelten Dank verdienen, wenn er die Gefälligkeit haben wollte, ein Wort über die Aufführung des jungen Mannes nach Weimar zu berichten. Zugleich möge er seine Gedanken äufsern, was für Kollegia Steffany am besten hören und wie man ihm durch ein „Vorwort" eine Erleichterung und unentgeltlichen Eintritt für die Bauakademie verschaffen könne. — Auch dieser Punkt wird von den beiden Männern vorsorglich geregelt. Zelter nimmt den angehenden Akademiker in sein Haus auf, wo er ihn zugleich in die Gesellschaft seines Stiefsohnes bringt, und ist fortgesetzt in der Lage, Gutes nach Weimar über ihn berichten zu können; nicht so über den eigenen Sohn, der Goethes Interesse gleichzeitig in Anspruch nimmt. In der Befürchtung, dafs dieser leicht umschlagen könne, will er ihn aus Berlin entfernen, weil die dortige „Race der Jünglinge" grofsenteils durch Stumpfheit, Leerheit und Verachtung alles Ernstes sehr herunter sei, und beabsichtigt ihn nach Paris zu schicken. Das Leben und Treiben an der Seine, so glaubt Zelter hoffen zu dürfen, werde einen jungen Menschen von Anlagen in Bewegung setzen, während das Gekrieche auf dem Berliner Steinpflaster und im Sande herum den letzten Funken töte. Für diesen Sohn also, den er „mit Zittern" liebt, dessen Mifsgeschick ihn zum unglücklichsten Manne machen könnte, erbittet er Rat und Beistand des Freundes. Goethe soll einige ernsthafte Worte an den jungen Steffany richten, die seinem Genossen zugleich zum Heil gereichen würden, weil er Goethes Namen vergöttere. — Hierauf antwortet der Dichter am 7. Novbr. 1802: „Der Fall, mein wertester Herr Zelter, wegen dessen Sie sich an mich wenden, ist gewöhnlich aber bedenklich. Der Mensch löst sich freilich gar zu geschwind von denen los, denen er noch manchen Rat und Beistand verdanken könnte; doch diese Unart dient zu seinem Glück, wenn er sich dereinst selbst helfen mufs und jeden Rat und Beistand entbehrt. *Die Schwierigkeit bleibt immer bei Jungen und Alten, dafs derjenige, der sein eigener Herr sein will, sich auch selbst zu beherrschen wisse und dieser Punkt wird in der Erziehung aus mehr als einer Ursache versäumt.* Die Weise, wie ich denke, benimmt mir alle Hoffnung an ein schriftliches Wirken gegen Entfernte und gewissermafsen Fremde. *In der Gegenwart läfst sich manches leisten; aber nur durch stetige Behandlung."* —

Wir glauben immer wieder einen Meister vom Fach abhandeln zu hören, wenn wir auf solche Stellen stofsen, ebenso im Folgenden, wo er auf das „zurückgezogene Wesen" seines Schützlings, das Zelter zur Sprache gebracht hatte, eingeht. Goethe kennt diese Eigenschaft an ihm und anderen jungen Leuten. Jeder gebildete Mann benehme ihnen gleich völlig alle Freiheit und es sei natürlich, wenn sie sich nicht gerne da befänden, „wo sie sich zu weit zurück, ja vielleicht gar in einem Gegensatz fühlten." Dafs er eine „solche Materie", die schriftlich so schwer zu behandeln sei, nicht mündlich mit Zelter durchsprechen könne, bedauert er sehr und ersucht den Freund, gleichsam zum Ersatz, den Sohn bei ihm in Weimar „vorbeigehen" zu lassen, wenn er seine Reise in die Welt antrete. Mit der Bitte, sich des jungen Steffany auch fernerhin anzunehmen, schliefst dieser Brief vom 3. November 1802.

Die Vertreter der Schauspielkunst, um von den Jüngern der Poesie[1] hier ganz abzusehen, stehen nicht in letzter Linie. Goethes Auftreten und Wirken als Bühnenpädagog, durch Zeugnisse mannigfacher Art belegt, tritt namentlich in der Korrespondenz mit der Schauspielerin Unzelmann bezeichnend hervor. Von den drei Briefen, die an sie gerichtet sind, haben die beiden ersten ihren Sohn, den später durch Talent und Leichtsinn bekannt gewordenen Karl Unzelmann (1786 — 1843) zum Gegenstand, welchen Goethe zu

---

[1] Wir können z. B. an der Hand der Briefe an C. G. Körner im einzelnen verfolgen, wie Goethe das Talent Theodor Körners zu würdigen versteht, ihn durch das weimarische Theater anzuregen sucht, etwas auf der Stelle zu schreiben, wie er sowohl die Anwesenheit des jungen Dichters in Weimar ohne Kosten und mit einigem Agrement als auch die Aufführung eines Stückes (Zriny) zu bewerkstelligen hofft, trotz politischer und theatralischer Bedenken und obwohl ihm die Hände gebunden sind, so dafs er auf alles liberale Verfahren, das sonst so natürlich, verzichten mufs.

seiner künstlerischen Ausbildung nach Weimar hatte kommen lassen. Über die „ganz eigene Weise", wie er den damals zwölfjährigen Knaben prüft, erzählt er uns selber in den Tag- und Jahresheften zum Jahre 1802 (W. XXVII s. 77): „Er mochte sich eingerichtet haben, mir Mancherlei vorzutragen; allein ich gab ihm ein zur Hand liegendes orientalisches Märchenbuch, woraus er auf der Stelle ein heiteres Geschichchten las, mit so viel natürlichem Humor, Charakteristik im Ausdruck beim Personen- und Situationswechsel, dafs ich nun weiter keinen Zweifel an ihm hegte." Obwohl er an derselben Stelle noch hinzufügt, dafs der junge Unzelmann in der Rolle als Görge in den „Beiden Billets" mit Beifall aufgetreten sei und sich besonders in natürlich humoristischen Rollen aufs wünschenswerteste gezeigt habe, so kann er ihm doch in dem ersten Brief an seine Mutter vom 2. Dezbr. 1802 nur mäfsiges Lob zollen, verspricht dieser hingegen, sich um sein Verhalten in jeder Beziehung bekümmern zu wollen, und wie er dies Versprechen gehalten hat, zeigt der zweite höchst bemerkenswerte Brief vom 14. März 1803, der hier mitgeteilt sei. Nachdem er einige für uns nicht belangreiche Punkte berührt, fährt er fort:

„Mit Ihrem Söhnlein werden Sie Geduld haben, wenn manchmal die Nachricht einer kleinen Unvorsichtigkeit zu Ihnen gelangt. Solche Kinder in fremde Verhältnisse versetzt, kommen mir vor wie Vögel, die man in einem Zimmer fliegen läfst; sie fahren gegen alle Scheiben und es ist schon Glück genug, wenn sie sich nicht die Köpfe einstofsen, ehe sie begreifen lernen, dafs nicht alles Durchsichtige durchdringlich ist. — *Ich kenne das Pädagogische überhaupt und besonders die Theaterpädagogik gut genug, um zu wissen, dafs eigentlich hauptsächlich Alles darauf ankommt, dafs der Mensch einsehen lerne was ihm fehlt, wodurch er es alsdann gewissermafsen schon erlangt, weil zu der Einsicht des Rechten und Nützlichen sich das Wollen sehr geschwind gesellt.* — Wir haben in diesem Augenblicke bei unserm Theater ein halb Dutzend Individuen, die alle etwas zu werden versprechen. Stände ich in einem gröfsern Verhältnifs, so müfste ich ihrer Fünfzig haben; denn was an Einem geschieht, es sei wenig oder viel, geschieht am Andern, und eigentlich ist, wie oben gesagt, die Hauptsache, dafs nach und nach die Aufmerksamkeit eines Jeden auf sich selbst erregt werde, eine Operation, die in der Masse viel leichter ist als im Einzelnen. — — —

Solche Reflexionen, die, wie ich merke, beinahe ein pedantisch-rodomontisches Ansehen gewinnen wollen, verzeihen Sie mir gewifs, wenn Sie bedenken, dafs ich dadurch nur der Mutter Geduld und Nachsicht empfehlen will, die ich selbst gern in hohem Grade ausüben mag. Wenn Ihr Carl erst einmal unsern ganzen Theaterkurs durchlaufen hat, mit in Lauchstädt und Rudolstadt gewesen ist, einsehen lernt, dafs man, um dauernden Beifall zu gewinnen, etwas über sich selbst vermögen mufs, so wird vielleicht geschwind entstehen, was wir wünschen. Bis jetzt habe ich recht gute Hoffnung und sehe wie billig über alles weg, was auf die Mittelzeiten der Bildung hindeutet.

Die Hauptfrage ist, ob wir zu den Epochen unserer Zwecke gelangen können. Sie sollen darüber zur rechten Zeit meine aufrichtigen Gesinnungen vernehmen." —

Noch weiter. Nicht nur der Akademiker, der Schauspieler und Poet, oder um uns der Kategorieen Eckermanns zu bedienen, nicht nur der Grammatiker, der Biograph, der Philosoph, der Ethiker, der Naturforscher und so ins Unendliche wie jener sich ausdrückt, fand über Studium und Interessen Aufklärung bei Goethe, er hatte auch in Fächer hineingeblickt, die ihm so fern wie möglich lagen. Er verstand es z. B. nicht minder gut, einem jungen Mann, der sich dem Forstfache widmen wollte, die Laufbahn vorzuzeichnen. Und schon sehr frühzeitig, noch im jugendlichen Alter, sehen wir diese Seite seines Wesens entwickelt. Bereits in den Briefen aus Straßburg an zwei uns nicht weiter bekannte Brüder Hetzler in Frankfurt, anscheinend Schüler, die im Begriff stehen, die Universität zu beziehen, antwortet er auf die von diesen über allerhand abstrakte Dinge gestellten Fragen und auch darauf, wie man die Langeweile am besten vertreibe und das Studium der alten Schriften einrichte, warnt aber zugleich die Jünglinge, seiner Person und seinen Ratschlägen zu viel Gewicht beizumessen. — Wir können somit verstehen, wenn der Kanzler von Müller, (Goethe in seiner praktischen Wirksamkeit s. 37) schreibt, man sei geneigt gewesen, Goethe für einen „Universalhelfer in geistigen und leiblichen Nöten" zu halten. Sein Rat wurde nicht nur in didaktischen Angelegenheiten stets eingeholt;[1] auch für Familien- und Geschäftszwecke, für die Heirat und die Wahl des Lebensberufes, für Kollekte und Hausbau hörte man ihn. Er war das reine „Auskunftsbureau" geworden. — Dafs er jedoch mit all den Menschen, die sich an ihn wandten, immer Glück gehabt, ist nicht zu behaupten.

Hatte er bei der „herrischen Gewohnheit", jungen Männern seines Alters in Geistes- und Herzensangelegenheiten beizustehen, einst die Erfahrung gemacht, dafs die jungen Leute, die er sich aufgebürdet, anstatt mit ihm auf seinem Weg einer höheren, reineren Bildung entgegen zu gehen, auf dem ihrigen beharrten, sich dabei aber nicht besser befanden und ihn in seinem Fortschritt hinderten, so konnte es nicht ausbleiben, dafs die Resignation, die sich allmählich seiner bemächtigte, von Jahr zu Jahr zunahm und am Ende seines Lebens einen so hohen Grad erreichte, wie es uns Eckermann in seinem Gespräch mit Goethe vom

---

[1] So hatte er z. B. für Reinhard und Jacobi Hauslehrer zu besorgen: Für jenen erkundigt er sich nach dem Magister Hand in Leipzig (vgl. Brief an Reinhard vom 4. Oktober 1809 abgedr. in den Grenzboten 1873), für diesen schlägt er Vulpius vor, dem er aufhelfen möchte (vgl. Brief an Jacobi vom 9. Sept. 1788, abgedr. in den Briefen Goethes, Berlin, Verlagsanstalt III. s. 13). Wie gewissenhaft Goethe hierbei zu Werke geht, ist aus den einschlägigen Briefen an Jacobi vom 9. Septbr. und 31. Oktober 1788 zu ersehen. In letzterem fügt er die bemerkenswerte Äufserung hinzu: „Ich habe auf meiner Reise auf das Schicksal und den Charakter einiger jungen Leute zu wirken gesucht; ich habe ihnen und Anderen dauernde Vorteile verschafft. Möge es mir öfter gelingen." a. a. O., III. s. 13—17.

21. Aug. 1830 schildert. Als ihm dieser einen jungen hoffnungsvollen Menschen empfahl, versprach er zwar etwas für ihn thun zu wollen, schien aber wenig Vertrauen zu haben und fügte hinzu: „Wer wie ich ein ganzes Leben lang kostbare Zeit und Geld mit der Protektion junger Talente verloren hat, und zwar Talente, die anfänglich die höchsten Hoffnungen erweckten, aus denen aber am Ende gar nichts geworden ist, dem muſs wohl der Enthusiasmus und die Lust, in solcher Richtung zu wirken, nach und nach vergehen. Es ist nun an euch jüngern Leuten, den Mäcen zu spielen und meine Rolle zu übernehmen." — Wohl mochte der Genosse ein zutreffendes Wort gesprochen haben, als er bei dieser Äuſserung des Dichters die täuschenden Versprechungen der Jugend mit Bäumen verglich, die doppelte Blüten aber keine Früchte tragen, und wir hören nicht, daſs Goethe widersprochen hätte. — Sah er aber nirgends Früchte reifen? Hatte sich nicht Eckermann selbst an ihm herangebildet, um in das fruchtbringende Stadium einzutreten, und war ihm nicht in seiner Familie ein Baum emporgewachsen, der sich fröhlich sprossend erneute, auch als ein starker Ast frühzeitig abbrach? — Wenn schon die Nachrichten über Goethes pädagogisches Verhalten seinem Sohne[1] gegenüber nicht eben reich-

---

1) In den Äuſserungen der Frau von Stein erscheint August von Goethe, auch Felix von ihr genannt, nach seinem Abbild in „Wilhelm Meister" bald als das „gute", bald als das „besonnene" Kind, das etwas Trauriges hat. Zuweilen ist er so possierlich und gescheit, daſs sie ihn recht lieb hat,

lich fliefsen, denn gerade hierüber schweigt der sonst so beredte Riemer, so ist doch jene von ihm citierte Äufserung des Dichters, ein Franzose habe gesagt: „Das Zarteste, was die Natur geschaffen habe, sei ein Vaterherz", die unter Thränen erfolgt sein soll, bezeichnend genug.

„O Vater Du! Ist doch ein Vater stets ein Gott!" — Es tritt uns hier in der That überall eine rührende Väterlichkeit Goethes entgegen, die nur übertroffen wird von der Freude über die Geburt seines Sohnes und Gefühle, wie er sie in jenen Versen zur Fortsetzung der Zauberflöte ausdrückt:

---

dafs sein Gesicht ihr wohlthut; zuweilen empfindet sie auch Mitleid mit ihm, weil er so bescheiden und demütig sei. Andererseits kann sie gewisse Regungen verletzter Gefühle doch nicht ganz unterdrücken. Dann glaubt sie, in ihm die vornehmere Natur des Vaters von derjenigen der Mutter unterscheiden zu können, sucht der letzteren Art und Einflufs in einer Champagneraffäre, deren Held August ist, und stellt ihm in wenig freundlichen Worten das Horoskop: „Sein Bube kommt mir auch nicht vor, als könnte er lange leben." Obwohl sie dann auch an den Jenenser Studenten, der fleifsig seinen Studien obliegt, den Hang zur Melancholie von neuem hervorgehoben, mufs sie doch bei der Verheiratung Augusts bekennen: „Glückliche sind der junge Goethe und seine junge Frau. Sie sind es wirklich wie die Kinder, kann man wohl sagen; ihre neueingerichteten Stuben atmen Blumengeruch und Frieden. Vor ihnen das frische heitere Leben in langer Entfernung, und nachdem man so viel um das Glück der Beiden besorgt war, sind sie nun froh ohne Besorgnisse" (an Fritz d. 14. Juli 1817 durch ihre Schwägerin).

„Wenn dem Vater aus der Wiege
Zart und frisch der Knabe lächelt,
Und die vielgeliebten Züge
Holde Morgenluft umfächelt:
Ja dem Schicksal diese Gabe
Dankt er mehr als alle Habe;
Ach, es lebt, es wird geliebt,
Bis es Liebe wiedergiebt."

Ganz aus dem Eigenen mitempfunden sind auch die Worte, mit denen er den Herzog in der „Natürlichen Tochter" die Entwickelung seines Kindes verfolgen läfst:

„Vergleiche doch die jugendliche Glut,
Die selbstischen Besitz verzehrend hascht,
Nicht dem Gefühl des Vaters, der, entzückt,
In heil'gem Anschaun stille hingegeben,
Sich an der Entwicklung wunderbarer Kräfte,
Sich an der Bildung Riesenschritten freut!
Der Liebe Sehnsucht fordert Gegenwart;
Doch Zukunft ist des Vaters Eigentum.
Dort liegen seiner Hoffnung weite Felder,
Dort seiner Saaten keimender Genufs."

Dafs die Erziehung des Sohnes für Goethe die innigste Sache des Herzens gewesen ist, wobei es jedoch zuweilen an der nötigen Strenge mangeln mochte, verraten uns die Worte: „Väterlicher Milde bleibt nichts übrig, als die Fehler der Kinder, wenn sie traurige Folgen haben, zu bedauern und womöglich herzustellen; gehen sie läfslicher, als zu hoffen war, vorüber, sie zu verzeihen und zu vergessen." — In Wilhelm Meister, der sich als ein zärtlicher Vater seines Knaben

annimmt, nachdem er in das Stadium des erwachenden
Interesses eingetreten ist, erkennen wir Goethe getreulich wieder. Die Welt mit den Augen des Kindes
ansehen, mit ihm und für dasselbe lernen, gelegentlich auch zur beschämenden Erkenntnis gelangen, wie
wenig man selber weifs —, all dies, sowie jene Züge
und geheimen Regungen der Menschennatur, die wir
in der „Pädagogik" zu einem kleinen Bild vereinigt
haben, entnahm Goethe eigenen Erfahrungen und Er-
lebnissen. Die Grundsätze Jarnos in den Wanderjahren,
die sodann in der „pädagogischen Provinz" weiter
ausgeführt werden, decken sich zum Teil völlig mit
den Überzeugungen des Dichters, der z. B. 1799 über
seinen 10 jährigen Sohn an Knebel schreibt: „Mein
August wächst und hat zu gewissen Dingen viel Geschick: zum Schreiben, zu Sprachen, zu allem, was
angeschaut werden muss, sowie er auch ein sehr gutes
Gedächtnis hat.[1] *Meine einzige Sorge ist blofs zu
kultivieren, was wirklich in ihm liegt, und alles, was
er lernt, ihn gründlich erlernen zu lassen. Unsere gewöhnliche Erziehung jagt die Kinder ohne Not nach
so viel Seiten hin und ist schuld an so vielen Richtungen, die wir an Erwachsenen bemerken."* — Wir
wissen auch, dafs er ihm das Versemachen verbot,[2]

---

1) Einige der Haupteigenschaften des Vaters, wie das
gegenständliche Interesse, kehren also in dem Sohne wieder.

2) „Wir haben hier einen neuen Schuldirektor" (Chr.
L. Lenz) schreibt Frau von Stein am 10. Aug. 1806 an Fritz,
„welcher seine Schüler die alten Dichter gleich in deutsche
Verse übersetzen läfst; dieses wird den jungen Leuten schwer

hingegen sehr auf eine gründliche Unterweisung in den alten Sprachen und auf Biographieen hielt (vgl. „Pädagogik" s. 240). In welch engen Beziehungen er zu einem der hervorragendsten Vertreter des Altertums, Friedrich August Wolf, stand, zeigt jene gemeinsame Reise nach Helmstädt, wobei der berühmte Philologe sich als humoristischer Reisegefährte bewährte und zur geselligen Unterhaltung dadurch beitrug, dafs er Goethes Knaben unausgesetzt neckte und dieser, offensiv werdend, die Grenzen überschritt, so dafs sich die wörtlichen Neckereien in Kitzeln und Balgen „zur allgemeinen Heiterkeit, obgleich im Wagen etwas unbequem" zu steigern pflegten. Den frommen Wunsch aller Väter, das, was ihnen selbst abgegangen, an den Kindern realisiert zu sehen, gewahren wir aber bei Goethe nicht blofs auf dem Gebiet der klassischen Sprachen und des Unterrichts; auf demjenigen der Führung beobachten wir etwas Ähnliches. So wie seinem poetischen Spiegelbild Wilhelm Meister, der seinen Felix nicht von sich lassen will, dünkt auch ihm, der Sohn entwickele sich nirgends besser als in Gegenwart des Vaters. „Übrigens will ich ihn (August) nicht von mir lassen, und wenn er noch einige Jahre hin hat, allenfalls auf eine Reise mitnehmen", heifst es in obigem Brief an Knebel weiter, und als er ihn 1806 nach Berlin schickt, nennt er es einen bedeutenden Schritt in die

---

und August Goethe nahm das Wort und sagte, er würde es nicht thun; denn sein Vater habe ihm verboten, Verse zu machen. Bei der unpoetischen Mlle. Vulpius und ihrer Dependenz mag ihm das wohl natürlich eingefallen sein."

Welt, den er nicht wagen würde, wenn sich Zelter nicht Augusts annähme; denn obgleich er nun schon ein „gesetzter und gefaſster" Knabe sei, so möchte er ihn doch nicht ganz allein und sich selbst überlassen, in diesem städtischen Strudel denken und will jedenfalls nicht dulden, daſs er länger als drei Wochen in Berlin sich aufhalte.

„Der Jüngling reifet zum Manne;
Besser im stillen reift er zur That oft als im Geräusche
Wilden, schwankenden Lebens, das manchen Jüngling verderbt hat."

Es kann kein Zweifel obwalten, daſs hierin Goethes wirkliche Herzensmeinung ausgesprochen ist. Der Charakter, der sich im Strom der Welt bildet, ist bereits von der Stufe der Erziehung im engeren Sinn, auf die Stufe der Bildung übergetreten, wo es nötig wird, daſs Vaterland und Welt auf ihn wirke, daſs er Ruhm und Tadel vertragen lerne und gezwungen werde, sich und andere recht zu erkennen.

Bevor sich jedoch der Jüngling auf den Schauplatz der Welt wagt, die ihn mit der Losung empfängt: „Es will der Feind, es darf der Feind nicht schonen", bevor er streitend seine Kräfte üben und sich als ein Mann fühlen lernt, muſs sein Wille eine feste Richtung genommen haben. Daſs diese aber aus Ansichten, Grundsätzen und Neigungen hervorgeht, welche nur unter dem Schirm des Hauses zu einer gesunden Entwickelung gelangen können, hatte Goethe wohl erkannt. Es war also nur folgerichtig, wenn wir ihn eifrig bemüht sehen, seinen Sohn gegen die Macht des bösen Beispiels zu wappnen und für die mancherlei Gefahren der Welt mit festen Grundsätzen auszurüsten, ganz in Übereinstimmung mit jenen goldenen Worten, die wir unter den Sprüchen in Prosa lesen: „Es begegnet mir von Zeit zu Zeit ein Jüngling, an dem ich nichts geändert noch gebessert wünschte; nur macht mir bange, dafs ich Manchen vollkommen geeignet sehe, im Zeitstrome mit fortzuschwimmen und hier ist's, wo ich immerfort aufmerksam machen möchte: dafs dem Menschen in seinem gebrechlichen Kahn eben deshalb das Ruder in die Hand gegeben ist, damit er nicht der Willkür der Wellen, sondern dem Willen seiner Einsicht Folge leiste. — Wie soll nun aber ein Jüngling für sich selbst dahin gelangen, dasjenige für tadelnswert und schädlich anzusehen, was Jedermann treibt, billigt, fördert? Warum soll er sich nicht und sein Naturell dahin gehen lassen?"[1]

Von dem Sohn zu den Enkeln fortschreitend, um die oben in kurzen Umrissen entworfene Skizze von Goethes Familienleben zur Zeit seines höchsten Alters mit einigen Strichen zu vervollkommnen, entdecken wir, dafs der Dichter selber die beste Verkörperung seines Satzes darstellt, das eigentlich Menschliche sei zuletzt immer, wenn auch im höchsten Sinn, das Gemütliche.

---

1) Vgl. hierzu den Brief an Zelter vom 3. Dez. 1812 über den Selbstmord von dessen Stiefsohn und über die Gefahren, denen Goethe einst selber entronnen war.

Christiane hatte das Geschick frühzeitig von seiner Seite genommen, ihm dafür aber eine Schwiegertochter[1] beschert, die ganz nach seinem Sinne war, und wackere Enkel, an denen er seine herzliche Freude hatte. Die zweite Generation wuchs heran. „Die Meinigen sind alle wohl und munter", schreibt er am 13. März 1822 an Zelter, „die Enkel besonders ohne Tadel, das neu emporstrebende Leben noch in seiner Blüte, wo sogar die Mängel unserer Natur anmutig erscheinen." Denselben Freund beglückwünscht er den 30. Oktob. 1828 zur Grofsvaterschaft mit den Worten: „Dafs ein wackerer Enkel eine Familienlücke so glücklich ausfüllt, freut mich gar sehr. Das kleine Volk im zweiten Grade hat etwas eigen Anmutiges und Gefälliges. Unseres Mädchens erster Jahrestag wird heute gefeiert. Es scheint auch recht weiblich eingeschlagen. Sie ist hübsch und mit Eigenheiten genug begabt." — Ein paar Jahre später (d. 24. April 1831) hat er nach Berlin zu berichten, dafs ihm seine Enkel von Zeit zu Zeit etwas „vorklimpern." Das müsse ihm gefallen,

---

[1] Ulrike von Pogwisch, die liebenswürdige und schöne Hausgenossin Goethes, deren er stets lobend gedenkt, sowohl Zelter als Eckermann gegenüber, vgl. auch das kleine Gedicht „Ottilien von Goethe" (Der unter meinen Augen aufgewachsenen lieben Gattin meines Sohnes als Zuschrift der Wanderjahre) mit den Schlufsversen:

> „Deiner Treue sei's zum Lohne,
> Wenn Du diese Lieder singst,
> Dafs dem Vater in dem Sohne
> Tüchtig-schöne Knaben bringst."

denn er gönne ihnen herzlich, dafs sie auf eine nicht ungeschickt praktische Weise in die höchst gesellige Region der Musikfreude so zeitig eingeführt würden. In ähnlichem Sinn äufsert er sich in einem Brief vom 19. Juni 1831 an seine in Karlsbad weilende Schwiegertochter, worin er über die Entwickelung und Persönlichkeit seiner drei Enkelkinder Walter, Wolfgang und Alma, welche zur Zeit dreizehn, elf und vier Jahr alt waren, Betrachtungen anstellt. Während bei dem ersten das Interesse für Musik, bei dem zweiten das für alles Dramatische hervorgehoben wird, läfst er sich über die früh verstorbene Alma auch hier mit besonderer Liebe wie folgt vernehmen: „Das Mädchen ist allerliebst und als ein echt geborenes Frauenzimmerchen schon jetzt inkalkulabel, mit dem Grofsvater im besten und liebevollen Einvernehmen, aber doch, als wenn es nichts wäre, ihre Herkömmlichkeiten verfolgend; anmutig, indem sie bei entschiedenem Willen sich ablenken und beschwichtigen läfst; übrigens keinen Augenblick ruhig, lärmig, aber leidlich und mit einigem Scherz gar bald in Ordnung und Zucht gebracht." —

So sind es Kinder und „anderes heranwachsendes Lebevolk", die der Dichter unausgesetzt beobachtet, an denen ihm neue Lichter aufgehen, wie er sagt. Wir erinnern hier nur noch an Willemers Enkel, denen er mit herzlicher Liebenswürdigkeit und herablassender Vertraulichkeit begegnet, einen letzten Blick auf die Schöfslinge am Stamm Carl Augusts und die Teilnahme werfend, mit welcher er Geburt, Entwickelung und Tod der einzelnen Glieder seines Fürstenhauses und alle für ihr Leben bedeutsamen Ereignisse verfolgt. —

Mit dem Mutterglück der Herzogin Luise hatte sie begonnen. Die Freude beider fürstlicher Eltern über die Geburt einer Tochter war grofs, nicht minder die Goethes (vgl. das Gedicht „Planetentanz"), dem die Worte
> „Kinder lieben Ihresgleichen,
> Und ich bin noch immer Kind."

durchaus vom Herzen kamen.

Prinzessin Luise Auguste Amalia, war am 3. Febr. 1779 geboren. Bald darauf (am 8. März) schreibt er an Carl August im Betreff des nicht ganz normalen Kindes: „Lassen Sie das kleine menschliche Wesen nur erst ein bischen herankommen. Die Umstände erziehen alle Menschen und man mache, was man will, die verändert man nicht. Lassen Sie's nie an der väterlichen Sorgfalt mangeln, dafs wir's nur gesund erhalten. Bis es eine Menschenstimme vernimmt, werden wir noch manches darüber zu denken und zu reden veranlafst werden. Gott gebe uns den äufsern und den innern Frieden" etc. — Nachdem er am 17. Febr. 1783 an Merck die Ankunft eines „gesunden und wohlgestalteten Prinzen" mitgeteilt, welche Kanzleiform er diesmal mit aller Wahrheit gebrauchen kann, hat er am 30. März 1784, also nur sieben Wochen nach der Abfassung des Planetentanzes zum 20. Januar, den Tod der kleinen Prinzessin an Jacobi zu melden und bedauert am 24. April Knebel gegenüber, wie viele Hoffnungen der

Tod des Prinzeſschens zerstört habe. Einen Ersatz bot das glückliche Gedeihen des Erbprinzen, von dem er am 21. April 1783 dem nämlichen Freunde geschrieben hatte: er sei frisch und wohl, werde ein starkes und munteres Kind und scheine ihm von einer behaglichen Komplexion zu sein. Mit demselben Interesse, woran noch zwei andere fürstliche Kinder, Prinzeſs Caroline und Prinz Bernhard teilhaben, verfolgt er die Entwickelung des Erbprinzen Carl Friedrich auch ferner, indem er sich nach seiner Rückkehr aus Italien in dessen Nähe hält. So sehen wir schon im Herbst 1788 Goethe wiederholt in Begleitung des kleinen Erbprinzen in Jena, und am 23. Sept. dieses Jahres teilt er dem Herzog mit: „Heute war ich mit Ihrem Kleinen in Jena. Riedel und Herders August fuhren mit. Der Kleine war gar artig und aufmerksam; er faſst die sinnlichen Gegenstände sehr leicht und richtig und hat für Namen ein sehr gutes Gedächtnis. Knebel gab uns zu essen, um $^1/_2$ 8 waren wir wieder zu Hause." — Der nächste Besuch an der Saale erfolgt schon am 1. Oktober, worüber Goethe dem fürstlichen Vater schreibt, er sei mit dem Prinzen in Jena gewesen, der sich nach seiner Art vergnügt und aufmerksam gezeigt habe, auf dieser kleinen Tour. Es werde ihm gewiſs wohl thun, wenn man ihm von Zeit zu Zeit eine kleine Veränderung dieser Art mache. — Und dies geschieht. Der Erzieher Riedel folgt Goethe nicht nur nach Jena, sondern auch nach Dornburg oder wohin es sonst geht, während umgekehrt Goethe am 20. Mai 1789 mit dem Erbprinzen, Riedel und August Herder nach Belvedere zog, um bis zum 7. Juni dort zu verweilen.[1] Nachdem er am 8. Juni bei seinem Weggang von dort noch gemeldet hatte, daſs ihm das Kind viele Freude mache, nimmt er es am 23. Juli abermals mit auf eine Tour, von Riedel begleitet, diesmal nach Eisenach und sorgt auf solche Weise unausgesetzt für Anregung, Unterhaltung, Erheiterung und Belehrung, überzeugt, daſs der Erbprinz so am besten gebildet und gekräftigt werden könne.

Wenn wir hinzufügen, daſs Goethe auch Carl Augusts Enkeln gegenüber zu „fürstenkindern" fortfuhr, sind wir zu der Generation gelangt, welche jetzt noch unter den Lebenden weilt. — Nachdem sich Carl Friedrich mit der Groſsfürstin Maria Paulowna von Ruſsland vermählt, welche Ehe mit drei Kindern gesegnet war, bot sich für den Dichter abermals Gelegenheit, die reichen pädagogischen Erfahrungen seines langen Lebens zur Geltung zu bringen. Abgesehen davon, daſs in Goethes Briefwechsel mit der Gemahlin Carl Friedrichs häufig die Erziehung ihrer Kinder der Hauptgegenstand ist, sehen wir ihn auch mit deren beiden Töchtern Maria und Augusta[2] im engsten Verkehr. In Dornburg, der Stätte Goethescher Jugendlust

---

1) In diese Zeit (1. Juni) fällt die Bemerkung an Frau von Stein: „Da ich nicht voraussah, dem Erbprinzen etwas sein zu können, hatte ich kaum etwas anderes im Sinne als Dich und Fritz."

2) Die Prinzessin Maria, seit 1827 Prinzessin Karl von Preuſsen, und Prinzessin Augusta, seit 1861 Königin von Preuſsen und seit 1871 deutsche Kaiserin.

beobachtet er die ersten Gehversuche der Prinzeſs Augusta, läſst sich in der Laube von dem weiſsen Schäfchen erzählen, das ihr der Groſsvater geschenkt, und erfreut sich inmitten der Obstterrassen des Anblicks, wie das Kind, das er auf den Arm genommen, nach einer Birne hascht. Ein indischer Gaukler in phantastischer Kleidung stellt sich der fürstlichen Familie vor. Goethe unterhält es, die Wirkungen seiner Kunststücke auf die beiden Prinzessinnen zu beobachten. Fast täglich von Jena nach Dornburg kommend, wenn das Hoflager sich dort befand, entführt er sie bei Gelegenheit einer Sonnenfinsternis nach der Universitätsstadt, läſst sie dort durch geschwärzte Gläser sehen und führt sie dann auf die Sternwarte, wo sie durch das Fernrohr blickten. Später als Maria Paulowna mit den beiden Prinzessinnen das freundliche Haus im Prinzessinnengarten zu Jena bezog, sehen wir Goethe mit dem Altertumsforscher Heinrich Meyer und Riemer, welcher Maria Paulowna im Griechischen unterrichtete, bestrebt, die kleinen Prinzessinnen zu unterhalten und zu belehren. Er erzählt ihnen Schlangenmärchen und Begebenheiten aus dem Orient und schreibt ihnen Chinesisch und Arabisch vor. Dort am Strande der Saale erfahren sie auch, daſs ihnen ein Bruder geboren sei. Goethe begrüſst sie in den Maskenzügen zum 18. Dez. 1818 mit den Worten:

„Und schon den lieben Enkeln darf's nicht fehlen;
Was gut und schön, im frohen Chor
Begegnet es den jungen Seelen,
Und freudig blühen sie empor."

In der nächsten Strophe beglückwünscht er sodann den gegenwärtig regierenden Grofsherzog Carl Alexander, der erst in demselben Jahr geboren war, dafs er Weimar, die Heimat der Künste, seine Geburtsstadt nenne:

> „Nun aber an die Wiege! Diesen Spröfsling
> Verehrend, der sich schnell entwickelnd zeigt
> Und bald herauf, als wohlgewachsener Schöfsling,
> Der Welt zur Freude hoch und höher steigt!
> Sein erster Blick' begegnet unserm Kreise,
> Er merkt sich Einer wie der Andern Blick,
> Gewöhnet sich an einer Jeden Weise,
> Gewöhnt sich an sein eigen Glück." —

Wie Goethe zwei Jahre später den neunten Geburtstag Augustas mit einem allerliebsten Gedicht beging,[1] wie sich unter seiner, Riemers, Sorets und Eckermanns Leitung den fürstlichen Kindern das Reich des Schönen erschlofs, wie er die jetzige deutsche Kaiserin der begabten Malerin Luise Seidler als Schülerin zuführt und die Freude hat, ihre Begabung auf diesem Gebiet in bester Weise hervortreten zu sehen, wie er ihr Bücher, Musikalien, Radierungen und Zeichnungen in seinem Hause vorlegt, wie er ferner an die in Rufsland weilende Grofsfürstin ausführlich berichtet und den Prinzessinnen, die sich in der Begleitung der Mutter befinden, zu rühmen hat, dafs sich

---

1) Goethe sandte einen Kupferstich und ein Gedicht, vgl. W. II 442:
> „Alle Pappeln hoch in Lüften
> Jeder Strauch in seinen Düften etc."

der Bruder „in allem Guten" entwickele, wie er jeden Wendepunkt im Leben der fürstlichen Kinder nicht nur teilnehmend begleitet, sondern auch im Liede feiert, — dies alles zu erörtern, gehört hier nicht zu unserer Aufgabe. — Die Betrachtung der kleinen Gelegenheitsgedichte und jener anderen zur didaktischen Poesie gehörigen Erzeugnisse würde zu der weiteren Untersuchung führen, was Goethe als pädagogischer Schriftsteller geleistet hat, eine Frage, die er sich selber vorgelegt, welche aber in Verbindung mit den zahlreichen pädagogischen Verhältnissen seiner Werke eine besondere Darstellung erfordert. Indem sie also einem anderen Ort vorbehalten sein mag, werfen wir nur noch einen kurzen Blick auf das pädagogische Charakterbild Goethes, wie es als ganzes aus dem Rahmen und dem Beiwerk dieser Darstellung heraustritt, um es zusammenfassend so zu kennzeichnen:

Wenn irgendwo der Ausspruch eines Mannes gilt, der über Erziehung manch vortreffliches Wort gesprochen:[1] „Die echte Pädagogik ist eine Naturgabe, die wie ein geheimer Äther dem Charakter des Lehrers entströmen mufs. Für die Erziehung mufs man geboren sein" —, so ist es bei Goethe der Fall. Er war in der That der geborene Erzieher, sowie man etwa von seinem Vater gesagt hatte, dafs er zum Vater geboren sei. (Zelter an Goethe den 14. Novbr. 1812.) Diesem alten Freund Goethes flöfst das Erziehungsverfahren des Herrn Rat nach Haltung und Methode Ehrfurcht

---

1) Gutzkow, Seraphine.

ein, es scheint ihm auch, als ob nur ein solcher Vater einen solchen Sohn hätte haben können. Wir halten dafür, daſs ein pädagogisches Meisterwerk, wie uns Friedrich von Stein von urteilsfähigen Zeitgenossen übereinstimmend geschildert wird, nur aus den Händen eines Goethe hervorgehen konnte. Wer gereiften Männern und Frauen seines Umgangs den eigenen Stempel so mächtig aufdrückte, wer eine so gewaltige Individualität besaſs, daſs die fremde davor völlig erlosch, dem konnte es nicht schwer werden, eine jugendlich unselbständige, allen Einflüssen offene Seele ganz in seine Gewalt zu bekommen.

Daſs dem Zauber einer ebenso imposanten wie gewinnenden Persönlichkeit die gründlich erfaſste Wissenschaft vom Menschen und eine wohl durchdachte, an den Erfahrungen eines inhaltreichen Lebens erprobte Methode zu Hilfe kam, bildet ein weiteres Moment für die Erklärung der pädagogischen Erfolge Goethes. —

Von dem Menschen als dem Interessantesten, was dieser unser Planet kennt, war er ausgegangen. Der ihm eigentümliche Vorzug seines Geistes und jene Art der naturwissenschaftlichen Forschung, die sich gleichsam mit dem Gegenstand identifiziert, die auch das Kleine und Geringfügige nicht übersieht, mag es der belebten oder unbelebten Natur angehören, mag es ein Stein oder eine Pflanze, ein Vogel oder ein anderes Lebewesen sein, bewährt sich auch hier. Wir sehen ihn allezeit bereit, sich mit Liebe in das Menschendasein zu versenken. — Auf diesem Weg einsamen Selbstgesprächs hatten ihm Welt und Menschennatur manches entdeckt und anderes in der Tiefe seiner Seele ahnend empfinden lassen. Seine Erwägungen spricht er häufig nicht aus, wohl aber überrascht er uns mit Ergebnissen — man denke nur an die „Sprüche in Prosa" — die uns beweisen, dafs er auch auf dem Gebiete der Erziehung den schwungvollen Gedanken des Dichters und Sehers mit der Schärfe des Beobachters und Forschers aufs glücklichste vereinigte. Doch ist davon in der „Pädagogik" ausführlicher gehandelt worden.

Waren es dort Tiefe und Reichtum umfassender Gedanken in der edelsten Form, nebst grofsartigem, pädagogischem Mafsstab und divinatorischem Ausblick auf sozialem Gebiet, die wir zu bewundern hatten, so ist es hier die seltene Art und Weise, wie er sein pädagogisches Denken und Wissen auf den besonderen Fall im Leben anwendet und die Theorie mit der Praxis versöhnt.

Hatte er demnach zu viel behauptet, als er in jenem Briefe an Friederike Unzelmann die Bemerkung machte, er kenne neben der Theaterpädagogik das Pädagogische überhaupt genug, um zu wissen, worauf es ankäme? — Sind wir nicht vielmehr nach allem, was wir bisher gesehen, berechtigt zu sagen: Goethe war einer der hervorragendsten Lehrer und Erzieher aller Zeiten, er war ein Pädagog ersten Ranges, würdig seinem grofsen Vorbild Rousseau an die Seite gestellt zu werden? —

Jenes Vorbild hatten sich zwar viele andere seiner Zeitgenossen auch erwählt; darin lag nichts Ungewöhnliches, es war nur zeitgemäfs. Dafs er aber auch in den Geist des Genfer Philosophen eindrang und nicht blofs an dem Buchstaben haften blieb, wie es so häufig geschah und noch geschieht, das ist es, was ihn vor allen auszeichnet. —

Es macht dem Scharfblick Frau von Steins alle Ehre, wenn sie erklärt, Goethe sei einer von den wenigen, die Rousseaus inneren Sinn der Erziehung zu fassen wüfsten. In seinem Verhältnis zu ihrem Sohn hat er es jedenfalls bewiesen, dafs er den Émile nicht nur eifrig studiert hatte, sondern auch anzuwenden verstand. — Ohne Lektionen geht es zwar auch bei ihm nicht ganz ab. Hier aber hatte Rousseau das bedeutsame Wort gesprochen: „Le pédant et l'instituteur disent à peu près les mêmes choses: mais le premier les dit à tout propos; le second ne les dit que quand il est sûr de leur effet"[1] —, und dafs Goethe zu den letzteren gehört, beweisen jene Briefe an Charlotte, worin er nach etwaigem pädagogischen Eingreifen zu berichten hat, welch reine Wirkung es gethan, oder wie Fritz geschmeidig sei. —

Der stete Hinblick auf die gesetzmäfsigen Grundlagen des Menschen und seine Stellung im Reiche der Natur bewahrt ihn vor Mifsgriffen anderer Art. —

Der Mensch ist für Goethe nicht der Thon, welchen der Erzieher nach Belieben modeln kann, sondern

---

1) „Der Pedant und der Erzieher sagen beinahe das Nämliche; jedoch sagt es der erstere bei jeder Gelegenheit und der letztere nur dann, wenn er sicher ist, dafs es wirksam sein werde."

eine Pflanze, die ihre besondere Natur und Gestalt mitbringt und von ihm nur als von einem Gärtner gepflegt, grofs gezogen und zu ihrer höchst möglichen Vollkommenheit gebracht werden kann. Er verzichtet also auf das Experiment, auf einem wilden Apfelbaum einen Pfirsich wachsen zu lassen, schon zufrieden, wenn er sieht, dafs die Früchte dieses Baumes reif und süfs werden und drückt dies in der Sprache des bürgerlichen Idylls „Hermann und Dorothea" so aus:

„Denn wir können die Kinder nach unserem Sinne nicht formen;
So wie Gott sie uns gab, so mufs man sie haben und lieben,
Sie erziehen aufs beste und jeglichen lassen gewähren.
Denn der eine hat die, die anderen andere Gaben;
Jeder braucht sie und jeder ist doch nur auf eigene Weise
Gut und glücklich." —

Der ruhige Gang, den die Pflanze zur dauernden oder vorübergehenden Vollendung nimmt, ohne gewaltsame Eingriffe zu vertragen, entspricht der Entwickelung des Menschen, von dem man alles erhalten kann, wenn man ihn nach seiner Art behandelt. Nötig ist dazu: Ein ruhiger Blick, eine stille Konsequenz und die Fähigkeit, in jeder Stunde das Richtige zu thun. Diese Eigenschaften des guten Gärtners, die auch den guten Erzieher ausmachen, besafs Goethe in höchstem Mafse.

Eine andere kommt hinzu. Ihm war die Gabe verliehen, jenen nisus nach vorwärts, wie er ihn fühlt, jenen Trieb nach Selbstveredlung und Selbstvollendung, der als der wichtigste Faktor seiner ganzen Entwickelung hingestellt werden kann, auch in anderen wachzurufen. Auf seinem Flug nach oben nahm er seine Weggenossen, mochten sie nun zufällig seine Bahn kreuzen oder beständig an seiner Seite wandeln, mit sich empor und damit hat er auf pädagogischem Gebiet das geleistet, was stets das Höchste bleiben wird.

Die Züge, die uns Goethe in seiner Eigenschaft als Erzieher enthüllt, verklären sein Bild zu einem Bild edelster, reinster Menschlichkeit, zu einem idealen Typus universeller Bildung und Thätigkeit, zu einem hehren Beispiel, nachahmenswert für alle Zeiten und nicht zuletzt für die unsrige.

Dafs wir ihn in dieser seiner Universalität würdigen und mit den Teilen in der Hand uns nicht das geistige Band im Wesen dieses Genius entschlüpfen lassen, dafür nehmen wir sein eigenes Wort zum Zeugen:

„Ewig wird er uns sein der eine, der sich in viele
Teilt, und einer jedoch, ewig der einzige bleibt."

www.ingramcontent.com/pod-product-compliance
Lightning Source LLC
Chambersburg PA
CBHW021706230426
43668CB00008B/746